10
Acusações
Contra a Igreja Moderna

10 Acusações
Contra a Igreja Moderna

Paul Washer

```
W315d    Washer, Paul, 1961-
         10 acusações contra a Igreja moderna / Paul Washer ;
         [tradução: Francisco Wellington Ferreira]. – 2. reimpr. – São
         José dos Campos, SP : Fiel, 2016.

         105 p.
         Tradução de: Ten indictments against the modern Church
         ISBN 9788599145999

         1. Igreja - Doutrina bíblica. I. Título.

                                                              CDD: 262.7
```

Catalogação na publicação: Mariana C. de Melo Pedrosa – CRB07/6477

10 Acusações contra a Igreja Moderna
Traduzido do original em inglês
Tem Indictments against the Modern Church
Copyright © 2008 by Paul Washer

■

Impresso originalmente por Chapel Library
2603 West Wright Street Pensacola, FL, 32505 USA

O texto deste livro é a transcrição de uma mensagem
pregada por Paul Washer no dia 22 de outubro de
2008 na conferência Revival, Atlanta, GA.

Copyright © 2011 Editora Fiel
Primeira Edição em Português: 2011

*Todos os direitos em língua portuguesa reservados
por Editora Fiel da Missão Evangélica Literária*

Proibida a reprodução deste livro por
quaisquer meios, sem a permissão escrita dos
editores, salvo em breves citações,
com indicação da fonte.

■

Diretor: Tiago J. Santos Filho
Editor: Tiago J. Santos Filho
Tradução: Francisco Wellington Ferreira
Revisão: Tiago J. Santos Filho
Diagramação: Layout Produção Gráfica
Capa: Rubner Durais

ISBN impresso: 978-85-99145-99-9
ISBN e-book: 978-85-8132-061-8

Caixa Postal 1601
CEP: 12230-971
São José dos Campos, SP
PABX: (12) 3919-9999
www.editorafiel.com.br

Sumário

Introdução 7

1 – Uma negação da suficiência da Escritura 15

2 – Uma ignorância a respeito de Deus 21

3 – Um fracasso em abordar o mal do homem 27

4 – Uma ignorância quanto ao evangelho

de Jesus Cristo 33

5 – Um convite antibíblico ao evangelho 43

6 – Uma ignorância quanto à natureza da igreja 59

7 – Uma falta de disciplina eclesiástica

amorosa e compassiva 73

8 – Um silêncio a respeito da separação 79

9 – Uma substituição das Escrituras referentes à família

por psicologia e sociologia 87

10 – Pastores mal nutridos na Palavra de Deus 95

Introdução

Dez Acusações contra a Igreja Moderna

"Ora, o Espírito afirma expressamente que, nos últimos tempos, alguns apostatarão da fé, por obedecerem a espíritos enganadores e a ensinos de demônios."

1 Timóteo 4.1

Busquemos o Senhor em oração:

Pai, chego à tua presença em nome do teu Filho, Jesus Cristo. Senhor, tu sabes todas as coisas. Todas elas estão diante de ti como um livro aberto.

Quem pode esconder seu coração de tua presença e de teus olhos? Os atos dos homens mais sábios estão expostos diante de ti. Tua onisciência não conhece limites – e, se não fosse por tua graça, eu seria o mais aterrorizado de todos os homens. Mas, *há* graça, abundante e gloriosa, derramada sobre o mais frágil dos homens, graça que transborda para tua glória. Pai, eu te louvo e te adoro. Agradeço-te por tudo que tu és e tudo que fazes. Não há semelhante a ti nos céus, ou na terra, ou debaixo da terra. Tu és Rei, e não há outro. Tu és Salvador e não compartilhas essa glória com ninguém.

Pai, neste dia, tu me conheces e sabes quanto necessito de graça. Por que estou aqui, senão pelo fato de que chamaste o mais frágil entre os homens, o mais ignorante entre os irmãos, e, por tua graça, o menor ensina o maior? Essa é sempre a minha condição, e te louvo por isso. Eu *te* adoro.

Pai, ajuda-nos agora. Fora a eloqüência! Fora o intelecto brilhante! Manifeste-se a verdade, ó Pai. Muda-me para que o estado de tua igre-

ja seja mais glorioso. Peço-te graça sobre graça,
misericórdia sobre misericórdia para mim mesmo
e para os que me ouvem. Ajuda-nos, ó Deus, e
seremos ajudados, e nos gloriaremos nessa ajuda,
em nome de Jesus. Amém.

Oferecer esta palavra é um grande privilégio para mim. É um privilégio extraordinário tratar sobre assuntos como avivamento, reforma, a obra de Deus entre seu povo e entre os homens. Mas nesta reflexão, desejo compartilhar com vocês uma acusação – mas é uma acusação de esperança.

Enquanto eu orava sobre o assunto que abordaria, cheguei a uma grande conclusão, uma grande preocupação que foi colocada em meu coração: *precisamos de avivamento*. Precisamos de um despertamento. No entanto, não podemos esperar que o Espírito Santo venha e arrume toda a bagunça que *temos feito*. Temos instrução clara da Palavra de Deus sobre o que ele fez por meio de Cristo, como ele espera que vivamos, como espera que organizemos sua igreja. Há pouco proveito para os homens em clamarem por manifestações extrabíblicas, quando os princípios bíblicos são violados ao nosso redor.

Quero que vocês saibam isto: há pouca necessidade de o Diabo e os homens maus se oporem a um homem que ora por avivamento, se este homem não está, também, labutando por *reforma*. Deus nos deu a verdade, e não podemos apenas fazer o que é certo aos nossos próprios olhos e esperar que o Espírito Santo venha e abençoe nossos labores.

Quando examinamos o Antigo Testamento, vemos que Moisés recebeu uma explicação detalhada, bem detalhada, de como construir o Tabernáculo. Ora, a explicação foi dada por causa de Moisés ou por causa do povo de Deus? Creio que tal explicação foi dada a Moisés para revelar que Deus é específico em sua vontade, e não devemos imaginar que podemos pegar o menor detalhe e ignorá-lo.

Sei que sou um homem fraco, golpeado por minha fraqueza, mas tenho uma acusação. Não posso chamá-la de *minha* acusação, pois quem sou eu para acusar alguém? Não ouso chamá-la de acusação de Deus, pois como posso me aproveitar do seu nome? Mas direi isto: quando olho ao redor, vejo a igreja e a comparo com a Escritura, percebo que há certas coisas que *têm de* mudar.

Não sou Martinho Lutero. Estas não são as minhas 95 afirmações pregadas na porta da igreja de Wittenberg.

Mas isto tem sido um fardo em meu coração e tenho de compartilhá-lo. *Tenho de compartilhá-lo!* O que lhes direi enfurecerá alguns de vocês, mas permitam-me adverti-los. Talvez possam acusar-me de arrogância. Talvez não gostem da maneira como apresento o assunto. Muitas vezes tenho sido arrogante e apresentado a verdade de maneira errada; mas não permitam que isso seja uma desculpa para vocês. A pergunta é esta: o que estou dizendo é *verdadeiro*, embora seja apresentado por meio de um mensageiro imperfeito?

Outros de vocês se regozijarão no que ouvirão e desejarão dizer: "Amém"; talvez até levantem os braços. Mas, por favor, não façam isso, porque *todos nós* possuímos uma medida de culpa. Se você já chegou a algum estado espiritual, eu diria o que meu irmão já disse: "Que tens tu que não tenhas recebido? E, se o recebeste, por que te vanglorias, como se o não tiveras recebido?" (1 Co 4.7). Não é melhor adorar a Deus com humildade?

Se você é um pastor novo, não desejo que você pegue estas verdades e as leve de volta à sua igreja, para bombardear sua igreja, sem *amor*. Cuide em que seus joelhos sangrem antes de você começar qualquer tipo de reforma. E, se você é um pastor velho, que tem servido ao Senhor por muitos anos, rogo-lhe que não seja arrogante. Um rei velho e tolo pode aprender do menor de seus servos.

Também lhes peço isto: tenham coragem de mudar tudo, ainda que seja o último dia de sua vida. Pelo menos vocês podem ir para a glória cientes de que tentaram uma reforma bíblica.

Direi isto como uma advertência aos homens mais velhos. Por favor, ouçam-me com atenção. Conheço a admoestação dada em 1 Timóteo 5 sobre a maneira como devo dirigir-me a vocês. Por isso, dirijo-me a vocês daquela maneira. Hoje, um grande despertamento está acontecendo neste país! E não somente neste país, mas também na Europa, América do Sul e muitos outros lugares. Vejo homens jovens voltando-se para a rocha da qual foram cortados. Estão lendo Spurgeon e Whitefield. Estão ouvindo Ravenhill, Martyn Lloyd-Jones, Tozer e Wesley – é um *movimento grande, incrível!* Visto que a mídia popular e Christianity Today não descobriram o que está acontecendo, quero que saibam que eu jamais teria sonhado, 15 anos atrás, que veria o despertamento que estamos vendo, não por meio de meu ministério, mas por meio do que Deus está fazendo *sem qualquer* dos nossos ministérios.

Quer seja na Holanda, onde milhares de homens jovens declaram: "As coisas têm de mudar" e clamam toda a noite, em oração, pelo poder de Deus e a verdade da Escritura; quer seja na América do Sul, onde reconhecem que têm sido grandemente influenciadas por psicologia e todos os tipos de técnicas de evangelização superficiais procedentes dos Estados Unidos – agora, quebrantados e entristecidos, eles estão voltando atrás e evangelizando suas igrejas. Ou também nas cidades dos Estados Unidos, onde tenho ficado, às vezes, até duas ou três horas da manhã discutindo teologia com jovens afro-americanos, os quais Deus levantará para fazer mais pregação do que alguém pode imaginar. *Há um despertamento!*

Direi isto com ternura: muitas pessoas de mais de 40 anos não têm sequer um indício deste despertamento. Muitos homens jovens estão retornando aos grandes ensinadores dos séculos anteriores, aos velhos caminhos e às verdades que trouxe tempos de despertamento a este mundo. A maioria desses homens jovens são bem jovens. Eles procuram seus líderes e lhes dizem: "Vejam o que descobrimos! Vejam o que aconteceu no País de Gales! Vejam o que aconteceu na África! Vejam isto! Vejam aquilo! Vejam este ensino! É totalmente admirável!"

E a maioria dos homens velhos de nossos dias ou rejeitam isso ou dizem: "Não é nada diferente do que tenho pregado nestes 25 anos". Mas, de fato, é *totalmente diferente* do que eles têm pregado nos últimos 25 anos. Portanto, precisamos ser muito, muito cuidadosos para entender que Deus está fazendo uma grande obra. "Aquele que começou boa obra em vós há de completá-la até ao Dia de Cristo Jesus" (Fp 1.6).

Muitas pessoas têm a idéia de que trarão um avivamento por meio de oração. E outras pessoas dizem: "O avivamento virá, quer oremos, quer não". Não defendo nenhum desses pontos de vista, porque sei isto: quando vejo homens, mulheres e jovens em todo o mundo orando por um avivamento, para mim isso é as primícias do avivamento! E posso levar em conta o fato de que aquele que dá as primícias dará também a colheita plena.

Agora, quero considerar as dez acusações – coisas que creio têm de mudar na igreja moderna.

1ª Acusação

Uma negação da suficiência da Escritura

"E que, desde a infância, sabes as sagradas letras, que podem tornar-te sábio para a salvação pela fé em Cristo Jesus. Toda a Escritura é inspirada por Deus e útil para o ensino, para a repreensão, para a correção, para a educação na justiça, a fim de que o homem de Deus seja perfeito e perfeitamente habilitado para toda boa obra."

2 Timóteo 3.15-17

O primeiro erro que afeta muitas igrejas em nossos dias: uma negação prática da suficiência da Escritura. Vejo isso especialmente em minha denominação. Durante as últimas décadas, tem havido uma grande batalha relacionada à inspiração da Escritura. É claro que alguns de vocês não têm sido parte dessa batalha. Todavia, muitos dos que estão em denominações mais liberais têm visto, muito certamente, essa batalha em defesa da Bíblia.

No entanto, há um problema. Quando vocês chegam a crer, como um povo, que a Bíblia é inspirada, ganham somente metade da batalha, porque a questão não é somente "a Bíblia é inspirada?", ou seja, ela é inerrante? A maior questão que a acompanha isso, e tem de ser respondida, é esta: a Bíblia é *suficiente* ou temos de introduzir toda suposta ciência social e estudo cultural para sabermos como conduzir uma igreja? Essa é a questão principal! Em minha opinião, as ciências sociais têm tomado a precedência sobre a Palavra de Deus, de tal modo que a maioria de nós não pode nem mesmo perceber isso. E se introduziu tanto em nossas igrejas, em nossa evangelização e em nossa missiologia, que dificilmente podemos chamar de "cristão" o que estamos fazendo. Psicologia, antropologia e sociologia se tornaram influências primarias nas igrejas.

Lembro que, há alguns anos, quando eu estava no

seminário, um professor veio à frente da sala de aula e começou a desenhar pegadas no quadro negro. E, enquanto as desenhava ao longo do quadro negro, ele se voltou para todos nós e disse: "Aristóteles está andando pelos corredores desta instituição. Acautelem-se, pois ouço os seus passos mais claramente do que os passos do apóstolo Paulo, do grupo de homens que estavam com ele e até do próprio Senhor Jesus Cristo".

Chegamos a crer que um homem de Deus pode lidar com áreas simples da vida da igreja. Mas, quando as coisas ficam realmente complicadas, precisamos recorrer aos peritos sociais. Isso é pura *mentira*! A passagem bíblica que abriu este capítulo afirma que as Escrituras foram dadas para "que o homem de Deus seja perfeito e perfeitamente habilitado para toda boa obra" (v. 17).

O que Jerusalém tem a ver com Roma? E o que temos a ver com todas essas ciências sociais modernas que foram realmente criadas como um protesto contra a Palavra de Deus? E por que a evangelização, missões e o chamado "crescimento de igreja" são mais moldados pelo antropologista, pelo sociólogo e pelo estudante de Wall Street que conhecem bem cada tendência cultural? Toda a atividade de nossas igrejas tem de ser baseada na Palavra de Deus. Toda a atividade de missões tem de ser baseada na Palavra de Deus.

Nossa atividade missionária, nossas atividades na igreja e tudo que fazemos devem fluir do teólogo e do exegeta – o homem que abre a sua Bíblia e tem uma única pergunta: ó Deus, qual é a tua vontade? Não devemos enviar nossos questionários a pessoas carnais para descobrir que tipo de igreja elas freqüentariam. Uma igreja deve ser agradável aos interessados, mas a igreja tem de reconhecer que existe um único interessado. Seu nome é Deus! E, se vocês querem ser agradáveis a alguém, se querem acomodar-se a alguém, acomodem-se a ele e à sua glória, ainda que sejam rejeitados pelos demais. Não somos chamados a construir impérios. Não somos chamados a ser excessivos. Somos chamados *a glorificar a Deus*. E, se vocês querem que a igreja seja algo diferente de um povo peculiar (Tt 2.14; 1 Pe 2.9), estão querendo algo que Deus não quer.

Gostaria de considerar Isaías 8, por um momento. Veja o que diz o profeta: "Quando vos disserem: Consultai os necromantes e os adivinhos, que chilreiam e murmuram?" (Is 8.19a). Isso é uma descrição perfeita dos gurus de crescimento de igreja, porque a cada dois ou três anos todas as suas principais teorias mudam – não somente a respeito do que o homem é e como consertá-lo, mas também a respeito do que a *igreja* é e como você pode fazê-la crescer. A cada dois ou três anos, há uma nova tendência que baixa o nível do que pode tornar sua igreja em algo extraordinário aos olhos do mundo. Recentemente, um dos mais famosos especialistas em crescimento de igreja disse que descobriu estar totalmente errado em todas as suas teorias. Mas, em vez levar as pessoas de volta às Escrituras, em quebrantamento e lágrimas, ele saiu em busca de uma nova teoria.

Eles não trazem uma mensagem clara! Como disse Isaías: "acaso, não consultará o povo ao seu Deus? A favor dos vivos se consultarão os mortos?" (Is 8.19b-20). Devemos nós, como líderes de igreja, como pregadores, como pastores, como cristãos, devemos nós procurar e consultar os espiritualmente *mortos* em favor daqueles que o Espírito Santo *vivificou*? É claro que não!

2ª Acusação

Uma ignorância a respeito de Deus

"Ora, não levou Deus em conta os tempos da ignorância; agora, porém, notifica aos homens que todos, em toda parte, se arrependam."

Atos 17.30

Às vezes, pessoas me pedem: "Irmão Paul, por favor, venha aqui e pregue uma extensa série de sermões sobre os atributos de Deus". E, muitas vezes, eu respondo: "Bem, meu irmão, você pensou bem nisso?"

Lembro uma conversa específica em que o pastor replicou: "O que você quer dizer com 'você pensou bem nisso?'"

"Bem, o assunto que você propôs que eu ensine em sua igreja é muito controverso."

"O que você acha controverso? O assunto é Deus. Somos cristãos. Isto é uma igreja. O que você está dizendo que é controverso?"

Eu respondi: "Querido pastor, quando eu começar a ensinar as pessoas de sua igreja sobre a justiça de Deus, a soberania de Deus, a ira de Deus, a supremacia de Deus e a glória de Deus, alguns dos melhores e mais antigos membros da igreja se levantarão e dirão algo assim: 'Esse não é o meu deus. Eu nunca poderia amar um deus como esse'. Por quê? Porque eles têm um deus que criaram com sua própria mente e amam o que criaram".

> "Assim diz o SENHOR: Não se glorie o sábio na sua sabedoria, nem o forte, na sua força, nem o rico, nas suas riquezas; mas o que se gloriar, glorie-se nisto: em me conhecer e saber que eu sou o SENHOR e faço misericórdia, juízo e justiça na terra; porque destas coisas me agrado, diz

o Senhor"

Jeremias 9.23-24.

"Tens feito estas coisas, e eu me calei; pensavas que eu era teu igual; mas eu te argüirei e porei tudo à tua vista. Considerai, pois, nisto, vós que vos esqueceis de Deus, para que não vos despedace, sem haver quem vos livre"

Salmos 50.21-22.

Ora, qual é o problema apresentado nesses versículos? Há uma falta de conhecimento de Deus. Muitos de vocês talvez pensem: "Oh! falar sobre os atributos de Deus e teologia é uma coisa tão isolada que não tem aplicações práticas."

Ouça você mesmo, dizendo: "O conhecimento de Deus não tem aplicação prática". Você sabe por que todas as livrarias evangélicas estão cheias de livros de auto-ajuda ou de livros que falam sobre cinco maneiras de fazer isso ou aquilo, seis maneiras de ser piedoso e dez maneiras de não fracassar? Porque as pessoas não conhecem a Deus. E, por isso, todos os tipos de artifícios da carne lhes têm sido oferecidos, para mantê-las andando como ovelhas devem andar! "Tornai-vos à sobriedade, como é justo, e não pequeis; porque alguns ainda não têm conhecimento de Deus; isto digo para vergonha vossa" (1 Co 15.34). Por que o pecado é tão irrestrito mesmo entre o povo de Deus? É uma falta de conhecimento de Deus!

Ora, permita-me fazer uma pergunta: qual foi a última vez que você assistiu a uma conferência sobre os atributos de Deus? Qual foi a última vez que você, como pastor, ensinou por um ano inteiro sobre a natureza de Deus? Quanto de todo o ensino ministrado nas igrejas dos Estados Unidos, toda semana, tem algo a ver com o caráter de Deus? Não é tão fácil seguir a correnteza, seguir a multidão? Então, um dia você ouve algo como isto e, inesperadamente, admite: "Nem mesmo lembro quando *alguém* me ensinou sobre os atributos de Deus". Não é surpreendente que sejamos o povo que somos!

Conhecer a Deus – tudo se resume nisso. Isso é a vida eterna. E a vida eterna não começa quando você passa pelas portas da glória; a vida eterna começa com a conversão. A vida eterna é conhecer a Deus. Você pensa sinceramente que ficará emocionado em passar pelas portas de pérola e andar pelas ruas de ouro, durante uma eternidade? Lá, existe Um que é infinito em glória, e você passará uma eternidade das eternidades e nunca chegará nem mesmo ao contraforte do monte de Deus!

Comece agora. Há tantas coisas diferentes que você quer saber e fazer e tantos livros que você quer ler. Consiga um livro sobre Deus – este livro, a Bíblia – e estude-o para *conhecer* a Deus, conhecer a Deus!

Nos Estados Unidos, o culto matinal de domingo em muitas igrejas é a maior hora de idolatria em toda a semana, porque a grande maioria das pessoas não está adorando o Deus único e verdadeiro. Em vez disso, elas estão adorando um deus que formaram de seu próprio coração, seguindo sua própria carne, artifícios satânicos e inteligência mundana. Elas fizeram um deus semelhante a elas mesmas – um deus que parece mais com Papai Noel do que com Jeová. Não pode haver temor do Senhor entre nós, porque não há conhecimento do Senhor entre nós!

3ª Acusação
Um fracasso em abordar o mal do homem

"Como está escrito: Não há justo, nem um sequer, não há quem entenda, não há quem busque a Deus; todos se extraviaram, à uma se fizeram inúteis; não há quem faça o bem, não há nem um sequer."

Romanos 3.10-12

A Epístola aos Romanos é um dos meus livros favoritos da Bíblia. Não é uma teologia sistemática. Mas, se pudéssemos dizer que algum dos livros da Bíblia é uma teologia sistemática, o mais próximo disso seria a Epístola aos Romanos. Não é admirável que Paulo tenha escrito os três primeiros capítulos desse livro para fazer uma coisa: colocar todos os homens sob condenação? Mas condenação não é o grande *summum bonum* na teologia de Paulo. Não é o seu propósito ou objetivo final. É um meio de trazer salvação aos seus leitores, porque os homens têm de ser trazidos ao conhecimento de si mesmos, antes de se renderem a Deus. Os homens estão caídos de tal maneira, que temos de remover deles toda esperança na carne, antes de serem trazidos a Deus.

Isso é importante em tudo, mas é especialmente importante na evangelização. Eu tinha 22 anos e acabara de ser chamado a pregar, quando me dirigi até uma velha loja em Paducah (Kentucky), onde eles vendiam ternos para pastores pela metade do preço. Eles faziam aquilo havia 50 ou 60 anos. Inesperadamente, a porta se abriu. Ouvi o tilintar do sininho, e a porta se fechou. Lá havia um homem velho. Nunca guardei o seu nome, mas ele se encaminhou até mim e me fitou. Ele disse: "Rapaz, você foi chamado a pregar, não foi?"

Eu disse: "Sim, senhor".

Ele era um velho evangelista. E disse: "Você pode ver aquele prédio em frente a esta loja?"

Respondi: "Sim".

Ele disse: "Eu costumava pregar lá. O Espírito de Deus vinha, e almas eram salvas".

Eu lhe pedi: "Senhor, por favor, fale-me sobre isso".

Ele continuou: "Não era nada semelhante à evangelização de nossos dias. Pregávamos por duas ou três semanas e fazíamos um convite aos pecadores. Arávamos constantemente o coração dos homens, até que o Espírito de Deus começava a agir e quebrantava o coração deles".

Perguntei: "Senhor, como vocês sabiam que o Espírito de Deus vinha e quebrantava o coração deles?"

Ele respondeu: "Bem, permita-me dar um exemplo. Várias décadas atrás, vim a esta loja para comprar um terno. Alguém me dera trinta dólares e dissera: "Pregador, vá comprar um terno amanhã". Quando passei pela porta, o jovem vendedor que cuidava da loja se virou e olhou para mim. E, quando ele olhou para mim, caiu no chão e clamou: "Quem pode salvar um homem ímpio como eu?" Eu sabia que o Espírito de Deus havia descido sobre aquele lugar.

Hoje, apenas chegamos e falamos com os pecadores, nós lhes fazemos três perguntas explanatórias e, depois, lhes perguntamos se querem fazer uma oração e pedir que Jesus entre em seu coração. Fazemos um filho do inferno duas vezes, uma pessoa que nunca mais se abrirá para o evangelho por causa da mentira religiosa que, como evangélicos, proferimos com nossos lábios.

Quando tratamos o pecado de maneira superficial, estamos antes de tudo lutando contra o Espírito Santo. "Quando ele vier, convencerá o mundo do pecado" (Jo 16.8). Há muitos pregadores populares em nossos dias que estão mais preocupados em dar às pessoas "a melhor vida agora" do que preocupados com a eternidade. E se gabam do fato de que não mencionam o pecado em sua pregação. Posso dizer isto: o Espírito Santo não tem nada a ver com o ministério deles, pois, se tivesse, estaria agindo contra si mesmo. Por quê? Quando um homem diz que não tem um ministério que lida com o pecado dos homens, o Espírito Santo *tem*. Um ministério fundamental do Espírito Santo é vir e convencer o mundo do pecado. Então, saiba isto: quando não lidamos com os homens e sua condição depravada de maneira específica, fervorosa e amorosa, o Espírito Santo não está conosco.

Somos *enganadores* quando lidamos levianamente com o mal do homem, como os pastores nos dias de Jeremias. "Curam superficialmente a ferida do meu povo, dizendo: Paz, paz; quando não há paz" (Jr 6.14).

Não somos apenas enganadores. Somos também *imorais*. Somos como um médico que nega seu juramento de Hipócrates, porque não quer dar a alguém más notícias, pois acha que a pessoa ficará irada com ele ou ficará triste. Por isso, ele não conta à pessoa as notícias mais necessárias para salvar a sua vida.

Tenho ouvido pregadores dizerem: "Não, não! Você não entende, irmão Paul. Não somos como as pessoas dos dias de John e Charles Wesley. Não somos como a cultura para a qual pregaram Whitefield e Edwards. Não somos tão duros de coração como as pessoas daquela cultura. Somos contritos. Não temos muito auto-estima. Somos frágeis – não podemos suportar essa pregação". Ouçam-me: vocês já estudaram a vida desses homens? A cultura em que eles viveram também não podia suportar o que eles pregavam. Ninguém jamais foi capaz de suportar a pregação do evangelho. Ou as pessoas se voltarão contra o evangelho com a fúria de um animal, ou serão convertidas. Nosso mundo está tomado por esta moléstia chamada auto-estima. Nosso grande problema é que estimamos o "eu" mais do que estimamos a Deus.

Também somos *ladrões* quando não falamos muito sobre o pecado. Somos ladrões! Gostaria de perguntar: nesta manhã, para onde foram todas as estrelas? Algum gigante cósmico veio com uma cesta, pegou-as, colocou-as na cesta e levou-as para algum outro lugar? Para onde foram todas as estrelas nesta manhã? Eles estavam no mesmo lugar, mas não podíamos vê-las. No entanto, à medida que o céu ficou cada vez mais escuro e se tornou negro como piche, as estrelas apareceram na plenitude de sua glória. Quando nos recusamos a ensinar sobre a depravação total do homem, é impossível que glorifiquemos a Deus, a Cristo e a cruz – porque a cruz de Jesus Cristo e sua glória são mais exaltadas quando colocadas diante do pano de fundo de nossa *depravação*. "Perdoados lhe são os seus muitos pecados, porque ela muito amou" (Lc 7.47). Essa mulher sabia quanto lhe fora perdoado, porque sabia quão ímpia ela era.

Oh! temos medo de falar aos homens sobre a sua impiedade! Por causa disso, eles não podem conhecer o amor de Deus. Temos roubado dos homens a oportunidade de gloriarem-se não em si mesmos e de seguirem a admoestação: "Aquele... que se gloria, glorie-se no Senhor" (2 Co 10.17).

4ª Acusação

Uma ignorância quanto ao evangelho de Jesus Cristo

"Mas Deus prova o seu próprio amor para conosco pelo fato de ter Cristo morrido por nós, sendo nós ainda pecadores. Logo, muito mais agora, sendo justificados pelo seu sangue, seremos por ele salvos da ira."

Romanos 5.8-9.

Gostaria de sugerir que meu país, os Estados Unidos, não é endurecido em relação ao evangelho; ele é *ignorante* quanto ao evangelho, porque muitos pregadores o são. Vou repetir isto. O mal deste país não são os políticos liberais, a raiz do socialismo, Hollywood ou qualquer outra coisa. O problema deste país é o suposto pastor, evangelista ou pregador evangélico de nossos dias. Esse é o mal de nosso país. Não conhecemos o evangelho. Pegamos o glorioso evangelho de nosso bendito Deus e o reduzimos a quatro leis espirituais e a cinco coisas que Deus deseja que você saiba, com uma pequena oração supersticiosa no final. E, se alguém repete a oração depois de nós, com muita sinceridade, declaramos prontamente que ele nasceu de novo. Temos trocado *regeneração* por *decisão*.

Fico admirado com a quantidade de crentes piedosos de 30 ou 40 anos que andam na fé e que, depois de me ouvirem falar sobre isso, vêm a mim, com lágrimas, dizendo: "Irmão Paul, nunca ouvi isso antes em minha vida". No entanto, isso é a doutrina histórica da redenção e propiciação.

Procuremos definir o problema com bastante clareza. O evangelho começa com a natureza de Deus. Partindo disso, o evangelho trata da natureza do homem e de seu estado caído. E, com base nessas verdades, essas duas grandes colunas do evangelho estabelecem para nós o que deve ser conhecido por todo crente como *o grande dilema*. Qual é esse dilema? O maior problema em toda a Escritura é este: *se Deus é justo, ele não pode perdoar o pe-*

cado dos homens. Como Deus pode ser justo e, ao mesmo tempo, o justificador de ímpios, quando toda a Escritura diz (citarei especialmente um versículo extraído de Provérbios): "O que justifica o perverso e o que condena o justo abomináveis são para o SENHOR, tanto um como o outro" (Pv 17.15). Apesar disso, todas as nossas canções cristãs proclamam como Deus justifica o ímpio!

Este é o maior problema! É a acrópole da fé cristã, disseram Martyn Lloyd-Jones, Charles Spurgeon e qualquer outro mais que tem lido Romanos 3. Vocês percebem: temos de apresentar isso às pessoas. O grande problema é que Deus é verdadeiramente justo, e todos os homens são verdadeiramente ímpios. Para ser justo, Deus tem de condenar o homem ímpio. Mas Deus, tendo em vista sua própria glória e demonstrando um grande amor por nós, enviou seu Filho, que viveu nesta terra como homem perfeito. E, depois, em harmonia com o plano eterno de Deus, o Filho morreu naquela cruz, no Calvário. E, naquela cruz, ele levou o nosso pecado e, permanecendo ali como nosso substituto legal e assumindo a nossa culpa, se tornou maldição por nós. "Maldito todo aquele que não permanece em todas as coisas escritas no Livro da lei, para praticá-las" (Gl

3.10). Cristo nos redimiu da maldição, tornando-se maldição em nosso lugar (gl 3.13).

Muitas pessoas têm uma visão romântica e pobre do evangelho: que Cristo estava lá, pendurado na cruz, sofrendo as aflições imposta pelo império romano, e o Pai não teve a fortaleza moral de suportar o sofrimento de seu Filho, então, ele se retirou. Não, o Pai se retirou porque seu Filho se tornou *pecado*!

Assim, quando pessoas lêem que o Filho esteve no jardim e clamou: "Meu Pai, se possível, passe de mim este cálice" (Mt 26.39), elas especulam: "Bem, o que havia nesse cálice? Ora, era a cruz dos romanos. Era o açoite. Eram os cravos. Era todo aquele sofrimento". Não quero ignorar o sofrimento físico de Cristo na cruz, mas o cálice era o cálice de Deus – a *ira* do Pai que tinha de ser derramada sobre o Filho. Alguém tinha do morrer, levando a culpa do povo de Deus, abandonado pelo Pai, por causa de sua justiça, e esmagado sob a ira de Deus – pois "ao SENHOR agradou moê-lo" (Is 53.10).

Há algum tempo estive em um seminário na Alemanha e vi um livro intitulado *A Cruz de Cristo* (não era o livro escrito por John Stott; era outro). Peguei-o e comecei a lê-lo.

E o livro dizia isto: "O Pai olhou do céu e contemplou o sofrimento infligido ao seu Filho pelas mãos dos homens e considerou isso como pagamento por nossos pecados". *Isso é heresia!* Aquele sofrimento físico, aquela crucificação – tudo fazia parte da ira de Deus. O sacrifício tinha de ser um sacrifício de sangue. Não tirarei nada disso. Mas, meu amigo, se você parar nesse ponto, você não tem o evangelho.

Quando o evangelho é pregado hoje e compartilhado na evangelização pessoal, ouvimos algo sobre a justiça e a ira de Deus? Quase nunca. A evangelização contemporânea raramente deixa claro que Cristo foi capaz de redimir-nos porque foi esmagado sob a justiça de Deus – e, satisfazendo com sua morte a justiça divina, Deus é agora justo e o justificador do ímpio.

Isso é reducionismo do evangelho! Não admiramos que não tenha poder. O que aconteceu? Eu direi: quando deixamos o evangelho para trás, e não há mais nenhum poder em nossa suposta mensagem evangélica, temos de usar todos os truques que são usados tão predominantemente em nossos dias para converter os homens – e todos conhecemos a maioria desses truques. Mas nenhum deles funciona!

Há alguns anos, quando me graduava no seminário, tive de tomar uma decisão quanto a prosseguir os estudos em direção ao Ph.D. A fim de proteger minha vida espiritual, Deus me enviou às florestas do Peru – tão distante quanto ele poderia me colocar do mundo acadêmico. Lá comecei a compreender algo. Como disse Spurgeon: "Homens maiores do que eu, com mentes mais brilhantes, têm abordado esta doutrina da Segunda Vinda, mas sem qualquer proveito". Ele disse: "Eu me dedicarei a isto: procurar compreender algo sobre Jesus Cristo e ele crucificado".

Fico com raiva quando os homens tratam o glorioso evangelho de Cristo como se fosse o primeiro passo para o cristianismo e o passo que exige apenas 10 minutos de aconselhamento – e, depois disso, a pessoa prossegue para as coisas mais importantes. Isso nos mostra quão patéticos somos em nosso conhecimento das coisas de Deus.

Meu amigo, no dia da Segunda Vinda, você entenderá tudo sobre a Segunda Vinda, mas na eternidade das eternidades, no céu, você nem mesmo começará a compreender a glória de Deus no Calvário. *Tudo* se refere a isso. Homem jovem, pregador jovem, ouça-me. Assimile a verdade sobre aquela cruz, o que ela significa. Você não precisará de nada para produzir fogo estranho em seu forno (Lv 10.1-3), se você tão-somente captar um vislumbre do que Cristo fez naquela cruz.

Gosto de dizer isto. Já o disse milhares de vezes. Abraão levou Isaque até à montanha – seu filho, seu único filho, que ele amava. Você acha que o Espírito Santo estava tentando dizer-nos algo sobre o futuro? E aquele filho não ofereceu qualquer resistência e deitou-se no altar. E, quando aquele pai entregou sua vontade à vontade de Deus, desceu aquele cutelo para penetrar o coração de seu próprio filho. Mas, sua mão foi detida, e foi dito ao velho homem que Deus tinha provido um carneiro. Muitos cristãos pensam: "Oh! que final lindo para essa história!" Isso não é o final; é apenas um intervalo. Milhares de anos depois, Deus, o Pai, colocou sua mão sobre o rosto do Filho, seu único Filho, que ele amava, e tomou o cutelo da mão de Abraão e imolou o seu Filho unigênito, com toda a força de sua ira.

Agora você sabe por que o evangelho insignificante que você prega não tem poder? Porque não é o evangelho! Conheça o evangelho; passe sua vida de joelhos. Afaste-se dos homens; *estude a cruz!*

O quarto erro comum às igrejas de nossos dias é, realmente, uma ignorância da doutrina da *regeneração*. Sei que entre os que me ouvem há tanto calvinistas como arminianos. E sei que no meio há os que têm todo tipo de idéias esquisitas. Acho que posso chamar a mim mesmo de "Spurgeonista de cinco pontos". Mas quero que você saiba isto: o calvinismo não é a questão. Não, eu lhe direi qual é a questão: *é a regeneração!* Essa é a razão por que posso ter comunhão com Wesley, Ravenhill, Tozer e os demais – porque, apesar da posição deles sobre outros assuntos, eles acreditavam que a salvação não pode ser manipulada pelo pregador, que a salvação é uma obra magnífica do poder do Deus todo-poderoso. E me posiciono ao lado deles.

Na obra de regeneração, há uma grande manifestação do poder de Deus operada pelo Espírito Santo, uma manifestação maior do que aquela demonstrada na criação do mundo ou mesmo do universo, porque ele criou o mundo *ex nihilo*: do nada. Mas ele regenera um homem a partir de uma massa de *corrupção*. É correspondente com a própria ressurreição de nosso Salvador dentre os mortos.

Entendo que na pregação há mestres, pregadores e expositores. Todos eles são necessários para a saúde da igreja. Mas temos de entender isto. Ouvi dizer que o falecido G. Campbell Morgan (1863-1945), quando subia ao púlpito para pregar, citava para si mesmo: "Como cordeiro foi levado ao matadouro e como ovelha muda perante os seus tosquiadores" (Is 53.7). Ele sabia que, sem uma manifestação poderosa da obra de regeneração do Espírito Santo, tudo que ele dissesse seria nada. É o Espírito que dá vida (Jo 6.63).

Nesse sentido, todos nós que proclamamos a verdade da Palavra de Deus temos de proclamá-la como um profeta. O que isso significa? Somos sempre como Ezequiel no vale de ossos secos, e os ossos são sequíssimos (Ez 37.1-2)! Caminhamos entre os ossos, e o que fazemos? Profetizamos. Dizemos: "Ouçam a Palavra do Senhor". E sabemos que o Espírito de Deus tem de soprar nesses mortos, pois, do contrário, eles não ressurgirão. E, quando compreendemos plenamente isso, no mais íntimo de nosso ser, não mais nos entregaremos à manipulação que é tão freqüentemente realizada em nome da evangelização. Em vez disso, proclamaremos a Palavra de Deus – a doutrina da *regeneração*.

Pense nos Wesleys. Considere o que eles tiveram de enfrentar. Pense também no amado Whitefield. Naquele tempo, todos acreditavam que eram cristãos, totalmente cristãos. Por quê? Porque haviam sido batizados como criancinhas, introduzidos na aliança e confirmados. Mas viviam como demônios! A regeneração era trocada por um tipo de aceitação formal de credos que recebia autoridade dos líderes religiosos da época.

Então, aparecerem os Wesleys! Não, eles disseram, a alma de vocês não está correta diante de Deus. Vocês não são nascidos de novo. Não há evidências de vida espiritual. Examinem-se a si mesmos. Provem a si mesmos, para verificar se estão na fé (2 Co 13.5). Assegurem-se de sua vocação e eleição (2 Pe 1.10). "Importa-vos nascer de novo" (Jo 3.7).

Aqui, nos Estados Unidos, por causa das várias últimas décadas de evangelização moderna, a idéia de "nascer de novo" está totalmente perdida. Agora, nascer de novo significa apenas que, em algum momento, numa cruzada de evangelização, a pessoa tomou uma decisão e acha que foi sincera. Mas não há evidência de uma obra de recriação sobrenatural da parte do Espírito Santo na vida da pessoa. "Se *alguém*", e não se *algumas* pessoas, "está em Cristo, é nova criatura" (2 Co 5.17).

5ª Acusação

Um convite antibíblico ao evangelho

"O tempo está cumprido, e o reino de Deus está próximo; arrependei-vos e crede no evangelho."

Marcos 1.15

Ora, o que aconteceu no tempo dos Wesleys e de Whitefield também está acontecendo hoje! O que vemos? Não é necessariamente um batismo infantil na maioria das vezes. Não é uma confirmação da parte de Igreja Alta por meio de uma autoridade eclesiástica. O que vemos hoje é a "oração do pecador". Se há algo contra o que declarei guerra, isso é a oração do pecador.

Sim, da mesma maneira como a dependência do batismo infantil para a salvação foi, em minha opinião, o bezerro de ouro da Reforma, a oração do pecador é o bezerro de ouro contemporâneo para os batistas, os evangélicos e todo aquele que os tem seguido. A oração do pecador tem mandado mais pessoas para o inferno do que qualquer outra coisa na face da terra!

Alguém diz: "Como você pode dizer isso?" Eu respondo: vamos às Escrituras e mostre-me ali, *por favor*! Gostaria muito de que você me mostrasse nas Escrituras alguém que foi evangelizado dessa maneira. As Escrituras não nos dizem que Jesus Cristo veio para a nação de Israel e proclamou: "O tempo está cumprido, e o reino de Deus está próximo; agora, quem gostaria de pedir-me que entre em seu coração? Levante a mão". *Não* foi isso que ele disse. Ele disse: "Arrependei-vos e crede no evangelho" (Mc 1.15).

Hoje os homens estão confiando no fato de que pelo menos uma vez em sua vida eles fizeram essa oração e alguém lhes disse que eram salvos, porque foram bastante sinceros. Portanto, se lhes perguntamos: "Você é salvo?" Eles não dizem: "Sim, sou salvo porque estou olhando para Jesus e há grande evidência me dando certeza de ser nascido de novo". Não! Em vez disso, eles dizem: "Uma vez em minha vida eu fiz uma oração". Ora, eles vivem como demônios, mas fizeram uma oração! Ouvi um evangelista que estava persuadindo um homem a fazer isso. Por fim, o homem se sentiu tão inquieto, e o evangelista disse: "Bem, eu lhe direi uma coisa. Orarei a Deus por você, e, se isso é o que você quer dizer a Deus, aperte minhas mãos. Contemple o poder de Deus".

Decisionismo, a idolatria do decisionismo. Os homens pensam que estão indo para o céu porque julgam a sinceridade de sua própria decisão. Quando Paulo escreveu à igreja em Corinto, ele não lhes disse: "Vejam, vocês não estão vivendo como cristãos. Então, vamos retornar ao momento de sua vida em que fizeram aquela oração e vejamos se foram sinceros". Não, ele disse isto: "Examinai-vos a vós mesmos se realmente estais na fé; provai-vos a vós mesmos" (2 Co 13.5).

Quero que vocês saibam, meus amigos, que a salvação é somente pela fé. É uma obra de Deus. É graça sobre graça sobre graça. Mas a evidência da conversão não é apenas o exame de nossa sinceridade no momento da conversão. É o fruto permanente em nossa vida.

Ó meus queridos amigos, olhem para o que temos feito! Uma árvore não é conhecida por seu fruto (Mt 7.20)? Hoje 60% ou 70% dos americanos acham que são convertidos, nascidos de novo. Mas quantos bebês matamos todos os dias? E somos odiados ao redor do mundo por nossa imoralidade. Apesar disso, pensamos que somos cristãos.

Lanço a culpa por essa situação aos pés dos pregadores. Tenho visto isso em todos os grupos. Calvinistas, arminianos, muitos deles compartilham algo em comum. É isto: o mesmo convite superficial. Eles falam muito sobre muitas coisas e, depois, chegam ao convite, que é quase como se todos fossem tolos.

Aproxime-se de alguém e lhe diga: "Deus tem um plano maravilhoso para sua vida". Você pode imaginar-se dizendo isso a um americano?

"Amigo, Deus o ama e tem um plano maravilhoso para sua vida."

"O quê? Deus me ama? Bem, isso é ótimo porque eu também me amo. Oh! isso é magnífico! E Deus tem um plano maravilhoso? Eu também tenho um plano maravilhoso para a minha vida. E, se eu aceitá-lo em minha vida, terei o melhor de minha vida. Isso é totalmente maravilhoso."

Mas isso não é evangelização *bíblica*. Gostaria de apresentar algo em lugar disso. Deus veio até Moisés e disse: "Passando o SENHOR por diante dele, clamou: SENHOR, SENHOR Deus compassivo, clemente e longânimo e grande em misericórdia e fidelidade; que guarda a misericórdia em mil gerações, que perdoa a iniqüidade, a transgressão e o pecado, ainda que não inocenta o culpado, e visita a iniqüidade dos pais nos filhos e nos filhos dos filhos, até à terceira e quarta geração" (Êx 34.6-7). Qual foi a reação de Moisés? "Imediatamente, curvando-se Moisés para a terra, o adorou" (Êx 34.8).

A evangelização começa com a natureza de Deus. Quem é Deus? Um homem pode reconhecer alguma coisa sobre o seu pecado, se não tem padrões pelos quais pode comparar a si mesmo? Se falamos aos homens somente coisas triviais sobre Deus, coisas que agradam a mente carnal, os homens serão trazidos genuinamente ao arrependimento e à fé?

1. Não começamos com: "Deus ama você e tem um

plano maravilhoso". Temos de começar com um discurso sobre todo o ensino a respeito da natureza de Deus. E temos de dizer à pessoa, desde o início, que isso pode lhe custar a vida (Mt 16.24)!

2. Em seguida, depois desse começo, temos perguntas esclarecedoras: "Você sabe que é um pecador, não sabe?" Isso é semelhante a algo que aconteceu com minha mãe, que estava morrendo de câncer. O médico veio e lhe disse: "Olá, Bárbara, você sabe que está com câncer, não sabe?" Nós tratamos o pecado tão superficialmente. Não há importância, não há solenidade.

Em vez disso, devemos dizer aos pecadores: "Amigo, há um mal terrível em você, e o julgamento está vindo". Se apenas dissermos a alguém: "Amigo, você sabe que é pecador?", não atingimos a convicção do coração. Perguntem ao diabo se ele sabe que é um pecador. Ele dirá: "Sim, eu sou. Eu sou um pecador muito bom ou um pecador muito mau, dependendo de como você considera isso. Mas sou um pecador. Sei que sou um pecador".

A pergunta não é "você sabe que é um pecador?" A pergunta é: O Espírito Santo está agindo de tal modo em seu coração, por meio da pregação do evangelho, que uma mudança está sendo operada, resultando em que agora você odeia o pecado que antes amava e quer fugir do pecado que antes você desejava abraçar, como se estivesse fugindo de um dragão?

3. Hoje as pessoas perguntam: "Você quer ir para o céu?" Essa é a razão por que não deixo meus filhos irem a 98% das escolas dominicais e das escolas bíblicas de férias em igrejas evangélicas, porque alguma pessoa bem-intencionada se levanta e diz: "Jesus não é maravilhoso?", depois da exibição do filme *Jesus*. "Sim", respondem as crianças.

"Quantos de vocês amam a Jesus?" "Oh! eu amo!"

"Quem quer aceitar Jesus em seu coraçãozinho?" "Oh! eu quero!"

E depois são batizados. Podem até viver como cristãos por um tempo porque foram bem ensinados. Estão sendo criados em uma cultura cristã, um tipo de cultura de igreja. Mas quando chegam aos 15 ou 16 anos, quando têm força de vontade, começam a romper os laços. Começam a viver em impiedade. Vamos até eles e lhes dizemos: "Vocês são cristãos. Apenas não vivem como cristãos. Parem com seu desvio".

Em vez disso, temos de falar com eles biblicamente e dizer: "Você fez uma confissão de fé em Cristo. Professou a Cristo até por meio do batismo, mas agora parece que se afastou dele. Examine-se a si mesmo. Prove a si mesmo. Há pouca evidência de conversão verdadeira em você!"

Depois da faculdade, quando eles têm 24, 25 ou 30 anos, voltam à igreja e dedicam novamente sua vida. Eles se unem à membresia com a falsa moralidade cristã que envolve o "igrejismo" nos Estados Unidos. E, no último grande dia, eles ouvem isto: "Nunca vos conheci. Apartai-vos de mim, os que praticais a iniquidade" (Mt 7.23).

Você diz: "Irmão Paul, você é tão bravo". Não tenho direito de ser? Alguém deve estar clamando por avivamento. Mas não lançamos os fundamentos certos. Oh! que haja um avivamento e corrija os nossos fundamentos. Mas, enquanto temos olhos e ouvidos abertos, temos a Escritura diante de nós, não devemos corrigir essas coisas referentes ao convite do evangelho?

Então, por que perguntamos: "Você gostaria de ir ao céu?" Meu querido amigo, todos querem ir ao céu – só não querem que Deus esteja no céu quando eles chegarem lá! A pergunta não é: "Você quer ir ao céu?" A pergunta é esta:

"Você quer Deus? Já parou de odiar a Deus? Cristo se tornou precioso para você? Você deseja a Cristo?"

A teoria política consiste nisso, meu querido amigo. Todos querem ir para o céu, mas os homens odeiam a Deus. Então, a pergunta não é se os homens querem ir para um lugar especial onde não se ferem e têm tudo que desejam. A pergunta é: você quer Deus? Cristo se tornou precioso para você?

Freqüentemente: para levar uma pessoa a fazer a oração do pecador, pergunta-se a ela: "Você gostaria de ir para o céu?" E a resposta é: "É claro que sim". "Então, você gostaria de orar e pedir que Jesus venha e entre em seu coração?" Ora, meu querido amigo, deixe-me dizer isto. Há pessoas que foram salvas usando esse método, mas não foi por causa do método, e sim apesar do método.

Em vez disso, temos de perguntar: "Amigo, você deseja a Cristo? Você vê o seu próprio pecado?"

"Sim, sim."

"Então, examinemos algumas passagens bíblicas que explicam para nós o que é o arrependimento, para verificarmos se o Espírito está dando testemunho de que isso acontece em sua vida. Você vê quebrantamento em sua vida?

Vê a desintegração de tudo que você pensava, e agora sua mente está cheia de novos pensamentos sobre Deus, novos desejos e nova esperança?"

"Sim, vejo isso."

"Amigo, isso pode ser os primeiros frutos do arrependimento. Agora, entregue-se a Cristo. *Confie* nele. Creia n*ele*."

Ouçam-me. Temos autoridade para anunciar aos homens o evangelho. Temos autoridade para dizer-lhes como podem ser salvos e autoridade para ensinar-lhes princípios bíblicos de segurança. Mas não temos nenhuma autoridade para dizer aos homens que eles *são* salvos. Isso é obra do Espírito Santo de Deus!

Mas, em vez de agir desse modo, o pecador é conduzido àquela coisa insignificante: "Você convidou Jesus a entrar em seu coração?"

"Sim", ele responde.

"Você acha que foi sincero?"

"Sim."

"Você acha que Cristo o salvou?"

"Não sei."

"É claro que ele o salvou porque você foi sincero. E

ele prometeu que, se você lhe pedisse que entrasse em seu coração, ele entraria. Portanto, você está salvo."

Eles saem da igreja depois de cinco minutos de aconselhamento. O evangelista vai almoçar. E o homem evangelizado está perdido. O homem está *perdido*!

Isso é um convite antibíblico. E, se as pessoas evangelizadas duvidarem de sua salvação, você faz tudo de novo. Você diz: "Já houve um momento em sua vida em que você orou e pediu a Jesus que entrasse em seu coração?"

"Sim."

"Você foi sincero."

"Acho que sim."

"Então, o Diabo está perturbando você agora."

E, se eles vivem sem crescimento, mesmo no contexto de uma igreja sem crescimento, e permanecem em carnalidade – não tema. Dizemos que a culpa é da falta de discipulado pessoal e amenizamos isso chamando-o de doutrina do "crente carnal".

O MITO DO "CRENTE CARNAL"

A doutrina do crente carnal tem destruído mais vidas e enviado mais pessoas para o inferno do que podemos imaginar! Os crentes lutam com o pecado? Sim. Um crente pode cair em pecado? Sim. Um crente pode viver em um estado permanente de carnalidade, todos os dias de sua vida, não produzindo fruto, e ser um verdadeiro crente? *Não*, de modo algum – pois, se assim fosse, toda promessa de preservação dada no Antigo Testamento em referência à aliança do Novo Testamento falharia, e tudo que Deus falou sobre disciplina, em Hebreus, seria uma mentira (Hb 12.6)! "Cada árvore é conhecida pelo seu próprio fruto" (Lc 6.44).

Tenho visto pregadores que entendem muito das coisas de Deus, mas, no que diz respeito a uma apresentação exemplar do evangelho, eles empregam, novamente, este método antibíblico.

Contarei um história, uma história que é um dos momentos mais preciosos de minha vida cristã.

Eu estava pregando no Canadá, a apenas 30 quilômetros do Alaska. Havia mais ursos cinzentos do que pessoas na cidade! A igreja era pequena, tinha umas 15 ou 20 pessoas; e eu seria o pregador. Quando acabei de subir ao púlpito, um homem enorme entrou. Ele estava no alto de seus

60 anos ou no começo dos 70 anos. Ele poderia ter surrado todos nós naquele prédio. Enquanto eu pregava, olhei para sua face, deixei o assunto de lado e comecei a pregar o evangelho. Ele era o ser humano mais triste que eu já tinha visto. Preguei apenas o evangelho e mais evangelho. E, quando terminei, desci do púlpito e fui diretamente até ele.

Eu lhe disse: "Amigo, o que está errado com você? O que atormenta a sua alma? Nunca vi um homem tão triste e tão abatido em toda a minha vida?" Ele mostrou um envelope pardo que continha algumas radiografias, que eu não podia entender. Mas ele disse: "Acabei de vir do médico. Eu vou morrer em três semanas". Isso foi o que ele me disse. "Vivi toda a minha vida como um criador de gado. Você só pode chegar onde moro por hidroavião ou de cavalo, através das montanhas." Ele disse: "Nunca estive em uma igreja; nunca li a Bíblia. Creio que há um Deus, e uma vez ouvi alguém falar algo sobre um homem chamado Jesus". E continuou: "Nunca tive medo de nada em minha vida – estou apavorado".

Eu perguntei: "Amigo, você entendeu a mensagem, o evangelho?"

Ele respondeu: "Sim".

Ora, o que teria feito a grande maioria dos pregadores naquele momento? "Bem, você gostaria de pedir a Jesus que entre em seu coração?" – isso é o que eles teriam feito.

Eu disse: "Amigo, você entendeu a mensagem?"

Ele respondeu: "Entendi, mas o evangelho é aquilo mesmo?" Disse mais: "Uma criança poderia ter entendido a mensagem. O evangelho é só aquilo, para que eu entenda e ore ou...?"

Eu disse: "Amigo, você vai morrer em três semanas. Tenho de partir amanhã. Cancelarei minha passagem de avião e ficarei aqui, com as Escrituras, lutando e clamando a Deus até que você seja convertido ou que morra e vá para o inferno".

E assim começamos. Comecei no Antigo Testamento, no Novo Testamento, lendo cada versículo da Escritura que continha uma promessa de Deus quanto à redenção e à salvação, repetidas vezes, vez após vez. Lemos João 3.16, oramos por um pouco, clamamos a Deus, fizemos perguntas ao homem sobre o arrependimento, a fé e a certeza de salvação – trabalhando até que Cristo fosse formado nele.

Por fim, estando eu exausto naquela noite, não houve nenhum progresso. Não houve nada. Então, eu disse: "Amigo, vamos orar". E oramos.

Eu disse: "Vamos ler novamente João 3.16".

Ele respondeu: "Já lemos isto milhares de vezes".

Disse: "Sim, eu sei, mas esta é uma das maiores promessas de salvação. Leia esse texto novamente".

Nunca esquecerei o que aconteceu. Ele tinha a minha Bíblia em seu colo, naquelas suas mãos enormes, e falou: "Tudo bem". E leu: "Deus amou ao mundo de tal maneira, que deu... - eu estou salvo. Estou salvo! Irmão Paul, todos os meus pecados se foram! Eu tenho a vida eterna! Estou salvo!"

Eu perguntei: "Como você sabe?"

Ele respondeu: "Você nunca leu este versículo antes?"

O que estava acontecendo? Uma obra do Espírito de Deus, em vez daqueles truques insignificantes que pessoas tentam usar. Então, agora você quer ir comer? O quê? Você acha que pregar é um espetáculo e que, depois disso, você volta para o hotel? Não, a obra começa depois da pregação. É a obra de lidar com almas. As pessoas aparecem nas reuniões para receber aconselhamento de quem não deveria estar aconselhando. E, depois de cinco minutos, elas fazem aquela oração do pecador e recebem um cartão que devem assinar. E, rapidamente, dão o cartão ao pastor, e este diz: "Gostaria de apresentar a todos um novo filho de Deus. Recebam-no na família de Deus". Que ousadia!

Se vamos apresentar alguém à igreja, digamos isto: "Hoje à noite este homem fez uma profissão de fé em Jesus Cristo. E, por causa de nosso temor de Deus e nosso amor pelas almas dos homens, continuaremos a trabalhar com ele para assegurá-lo de que Cristo foi realmente formado nele, de que ele tem um verdadeiro entendimento bíblico do arrependimento e da fé, bem como grande alegria e segurança no Espírito Santo. Isso é o que faremos".

Vejam o que temos feito no cristianismo moderno. Rogo-lhes: vejam o que estamos fazendo. E não estou falando de uma seita estranha. Estou falando do que nós estamos fazendo. Rogo-lhes: acabem com isso. *Por favor, parem de fazer isso!*

6ª Acusação

Uma ignorância quanto à natureza da igreja

"Para que, se eu tardar, fiques ciente de como se deve proceder na casa de Deus, que é a igreja do Deus vivo, coluna e baluarte da verdade."

1 Timóteo 3.15

Deus tem somente uma instituição religiosa: é a igreja. O nosso alvo crucial e o resultado essencial de um avivamento neste mundo é a implantação de igrejas bíblicas. Tenho grande receio de que a igreja local é desdenhada em nossos dias. Diga às pessoas que você é um pregador itinerante, que você tem um ministério de alcance mundial, e todas o honrarão. Diga-lhes que você é um pastor de um grupo de 30 indivíduos, e elas o farão assentar-se lá atrás durante a conferência. Jesus Cristo não é o Príncipe de pregadores itinerantes. Ele é o príncipe de *pastores*.

Alguns anos atrás, Bill Clinton teve um slogan durante a campanha eleitoral: "É a economia, estúpido!" Meu pastor, Jeff Noblit – um dos presbíteros de nossa igreja, o principal pastor e ensinador – disse-me certo dia: "Sabe, eu gostaria de ter uma porção de camisetas padronizadas".

"O que elas diriam, irmão Jeff?"

"É a igreja, estúpido!"

Jesus deu sua vida pela igreja, uma igreja pura, linda e imaculada. Se você quer dar sua vida por algo no ministério, dê a sua vida à igreja: a igreja, uma comunhão de crentes, uma congregação local. Isso é a igreja.

Quero que você atente-se para isto. Não há um remanescente de crentes na igreja. Todos sabemos sobre a teologia do remanescente, de que no decorrer de toda a história de Israel houve Israel, o povo de Deus, e um remanescente de verdadeiros crentes. Isso não é verdade quanto à igreja. Não há um remanescente de crentes ou um grupo menor de crentes dentro de um grupo maior chamado a igreja. A igreja *é o remanescente*.

Se pastores já chegaram bem perto de blasfemar, eles o fizeram neste assunto. Ouço teólogos, pregadores itinerantes e pastores dizerem coisas assim: "Há tanto pecado dentro da igreja como fora da igreja. Há tanto divórcio na igreja como há fora da igreja. Há tanta imoralidade e pornografia na igreja como há fora da igreja". E os pregadores dizem: "Sim, a igreja está agindo como uma prostituta". Quero que vocês saibam isto: temos de ser bastante cuidadoso em chamar a noiva de Jesus Cristo de prostituta.

Eu lhe direi qual é o problema: pastores e pregadores não sabem o que é a igreja. Quero que você saiba que a igreja de Jesus Cristo é linda. Ela é frágil às vezes. É fraca. É atribulada. Não é perfeita. Mas quero que você saiba: ele é *contrita*. Está andando humildemente com seu Deus. O problema é que não sabemos o que é a igreja.

Hoje, por causa da falta de pregação bíblica, a suposta "igreja" está cheia de pessoas carnais e ímpias identificadas com o cristianismo. E, por causa de todos os bodes no meio dos cordeiros, os cordeiros são acusados de todas as coisas que os bodes estão fazendo. Assim, o nome de Deus é blasfemado entre os gentios por causa de nós (Rm 2.24).

> Eis aí vêm dias, diz o SENHOR, em que firmarei nova aliança com a casa de Israel e com a casa de Judá. Não conforme a aliança que fiz com seus pais, no dia em que os tomei pela mão, para os tirar da terra do Egito; porquanto eles anularam a minha aliança, não obstante eu os haver desposado, diz o SENHOR. Porque esta é a aliança que firmarei com a casa de Israel, depois daqueles dias, diz o SENHOR: Na mente, lhes imprimirei as minhas leis, também no coração lhas inscreverei; eu serei o seu Deus, e eles serão o meu povo. Não ensinará jamais cada um ao seu próximo, nem cada um ao seu irmão, dizendo: Conhece ao SENHOR, porque todos me conhecerão, desde o menor até ao maior deles, diz o SENHOR. Pois perdoarei as suas iniqüidades e dos seus pecados jamais me lembrarei (Jr 31.31-34).

Não quero retirar nada do povo chamado Israel, mas

essa passagem também se aplica à igreja. Entenda isso. Não quero entrar em conflitos sobre escatologia, mas na Bíblia, no Novo Testamento, essa passagem é aplicada ao povo de Deus. "Não conforme a aliança que fiz com seus pais, no dia em que os tomei pela mão, para os tirar da terra do Egito" (v. 32).

Tenho ouvido com freqüência pregadores dizerem: "Bem, se você olha para trás e examina Israel, percebe que havia ali um grande número de pessoas ímpias e idólatras. E no meio deles havia um pequeno remanescente de crentes verdadeiros". Isso é verdade, mas não se aplica à igreja no Novo Testamento, porque Deus diz: "Farei algo diferente, não semelhante à aliança que fiz com seus pais no dia em que os tomei pela mão, para tirá-los da terra do Egito. Eles anularam a minha aliança, embora eu os houvesse desposado, declara o Senhor. Mas esta é a aliança que farei com a casa de Israel, depois daqueles dias, diz o Senhor: Na mente, lhes imprimirei as minhas leis, também no coração as inscreverei" (cf. v. 33).

Se você é convertido, Deus não lhe deu uma tábua de pedra contendo leis. Ele inscreveu, sobrenaturalmente, por meio da doutrina da regeneração, as leis em seu coração. E, porque ele fez isso, "Eu serei o seu Deus, e eles serão o meu povo" (v. 33).

E veja o que a passagem bíblica diz: "Não ensinará jamais cada um ao seu próximo, nem cada um ao seu irmão, dizendo: Conhece ao SENHOR, porque todos me conhecerão, desde o menor até ao maior deles, diz o SENHOR. Pois perdoarei as suas iniqüidades e dos seus pecados jamais me lembrarei" (v. 34).

Outra vez, isso é a doutrina da regeneração. Deus está fazendo uma nova obra nestes últimos dois mil anos. Não temos uma grande quantidade de igrejas nos Estados Unidos. Temos realmente uma grande quantidade de prédios de materiais excelentes, em gramados bem tratados. Só porque alguém diz que pertence a uma igreja ou que é um cristão, isso não o torna um cristão. Veja o que Deus diz: "Não ensinará jamais cada um ao seu próximo". Isso não significa que não haverá pregadores e ensinadores, mas haverá um conhecimento notável de Deus entre todos eles, especialmente em relação ao fato de que seus pecados foram perdoados.

Veja o que diz Jeremias 32.38-40:

> Eles serão o meu povo, e eu serei o seu Deus. Dar-

> -lhes-ei um só coração e um só caminho, para que me temam todos os dias, para seu bem e bem de seus filhos. Farei com eles aliança eterna, segundo a qual não deixarei de lhes fazer o bem; e porei o meu temor no seu coração, para que nunca se apartem de mim.

"Eles *serão* o meu povo, e eu serei o seu Deus." Deus não diz: "Espero que, se eu tiver sorte, talvez, e se tiver muitos evangelistas para trabalharem comigo, tudo isso se torne realidade". Não, em vez disso, ele diz: "Eu formarei um povo para mim, um povo que eu darei ao meu Filho". E diz mais: "Eles serão o meu povo, e eu serei o seu Deus".

Agora, veja isto: "Dar-lhes-ei *um* só coração e *um* só caminho". Você percebe o contraste? As décadas de 1970 e 1980 tiveram muitas "marchas para Jesus", e milhares de pessoas choravam e lamentavam coisas assim: "A igreja está tão dividida. A igreja não é uma só". Meu querido amigo, deixe-me dizer algo: se a igreja não é uma só, esta promessa da nova aliança é atacada violentamente. E houve uma oração que o Pai não respondeu ao Filho:

> Pai santo, guarda-os em teu nome, que me deste,

para que eles sejam *um*, assim como nós... Não rogo somente por estes, mas também por aqueles que vierem a crer em mim, por intermédio da sua palavra; a fim de que todos sejam um; e como és tu, ó Pai, em mim e eu em ti, também sejam eles em nós; para que o mundo creia que tu me enviaste. Eu lhes tenho transmitido a glória que me tens dado, para que sejam um, como nós o somos (Jo 17.11, 20-22).

Portanto, gostaria de sugerir-lhe isto: a igreja é *uma*! Ele sempre foi *uma*.

Você já esteve em um avião ou num supermercado e encontrou alguém que você não conhecia antes. E você, sendo verdadeiramente evangélico, um cristão verdadeiro, conversa com tal pessoa não mais do que cinco minutos e descobre: "Ele é um crente. Isto é a coisa real". E, naquele momento, você sabe que daria a sua vida por aquela pessoa, se fosse necessário. Você daria a sua *vida* por ela.

Lembro certa ocasião em que estávamos nas montanhas do Peru. Foi no tempo de uma guerra civil. Viajamos 22 horas na traseira de um caminhão de grãos, debaixo de uma lona preta. Por volta da meia-

-noite, o caminhão parou, abrimos a lona e pulamos para a floresta. Passamos aquela noite na margem da floresta e subimos em direção a uma pequena cidade que havia na montanha. Na metade do caminho, eu e meu querido amigo Paco nos perdemos na escuridão. Por isso, oramos: "Ó Deus, dá-nos direção. Estamos perdidos. Se formos achados aqui, os terroristas são os donos deste lugar. Os militares não viriam para nos achar". Clamamos: "Ó Deus, dá-nos alguma direção. Ajuda-nos".

Ouvimos um sino. E ouvimos que alguém conversava. Era uma conversa estranha a princípio, pensamos. Então, compreendemos que era um rapazinho que vinha dos campos com seu burro e falava com seu burro. Ficamos atrás dele e o seguimos. Ficamos nos limites de uma pequena vila, que tinha choupanas e casas de adobe. Eu disse: "Paco, você sabe, se este lugar pertence aos terroristas – estamos mortos".

"Sim, mas chegamos a algum lugar." Então, saímos e caminhamos até um homem que estava bêbado, na escuridão. Perguntamos: "Há irmãos aqui?" – porque todos sabiam o que isso significava nas montanhas: significava um cristão verdadeiro.

Ele respondeu: "A velha naquela casa". Então, fomos até lá. Ali morava uma mulher idosa da Igreja do Nazareno. Eu bati na porta. E disse: "Sou um pastor evangélico. Por favor, ajude-nos!"

A mulher idosa veio até nós com uma lanterna. Ele me agarrou e puxou para dentro. Agarrou Paco. A casa daquela mulher era cortada de um tipo de despenhadeiro no barro; e ela nos levou a um porão onde havia feno, galinhas e coisas. Ela nos acomodou ali e acendeu uma lamparina. Então, um menino chegou; ela o chamou e disse: "Vá chamar os outros irmãos". E os homens começaram a chegar, trazendo galinhas, mandioca e tudo mais – arriscando a sua vida por nós! Por quê? Porque a igreja é uma só!

Pare de dizer todas essas coisas tolas que você diz: que o corpo de Cristo está dividido, que é uma bagunça e está cheio de pecado. Eu não falaria dessa maneira sobre o corpo de Cristo, se eu fosse você.

O que existe hoje em muitas igrejas é uma quantidade de joio e bodes em meio às ovelhas (Mt 25.31-46; 13.24-30). E, pelo fato de que pouca disciplina bíblica e amorosa é praticada, tais pessoas vivem entre as ovelhas, alimentam-se das ovelhas e destroem as ovelhas. E aqueles de vocês que são líderes nessas igrejas pagarão um preço muito alto quando comparecerem diante daquele que ama as ovelhas – porque não tiveram coragem suficiente para se levantarem e confrontarem os ímpios.

Agora, ouçam-me. O cenário referente às igrejas, em sua maior parte, é que as igrejas são democracias. Não quero tratar dos prós e contras disso. Mas eis o que acontece. Visto que a pregação do evangelho é tão pobre, a maioria da igreja é constituída de pessoas perdidas e carnais, e a igreja é uma democracia, essas pessoas governam, no geral, a direção da igreja. Visto que o pastor não quer perder o maior número de pessoas e que ele tem idéias erradas sobre a evangelização e a verdadeira conversão, ele satisfaz os ímpios de sua igreja. E o pequeno grupo de ovelhas genuínas, que pertencem verdadeiramente a Jesus Cristo, estão sentadas ali, no meio de todo o teatro, mundanismo e multimídia, clamando: "Queremos apenas adorar a Jesus. Queremos alguém que nos ensine a Bíblia!" Queridos amigos, esses pastores pagarão pela terrível condição de suas igrejas.

Muitos pastores estão tentando manter juntos um bando de ímpios, enquanto o pequeno rebanho no meio dos ímpios está morrendo de fome e sendo levado a seguir rumos que não querem seguir. São levados a acompanhar a maioria carnal!

Ouça-me. Se minha esposa estivesse em uma loja tarde da noite, e, como homem, você entrasse, visse alguns homens abusando dela, mas abaixasse a cabeça e, em nome da preservação, saísse, quero dizer-lhe algo, meu amigo: eu não procuraria aqueles homens – eu procuraria *você*.

A igreja é a noiva de Cristo. Ela é tão preciosa para Cristo. Haverá um custo para você servir a Jesus. Pode custar a sua igreja, a sua reputação, a sua denominação – pode custar-lhe tudo. Mas a noiva de Cristo é digna disso!

Veja o que o texto diz. Amo esta afirmação: "Dar-lhes-ei um só coração e um só *caminho*". E o que é esse caminho? É Cristo e sua santidade. Todos os verdadeiros crentes que tenho conhecido falam muito de Cristo e têm um grande desejo de ser mais santos do que o são, mais conformados a Cristo.

"Dar-lhes-ei um só coração e um só caminho, para que me temam todos os dias, para seu bem e bem de seus filhos. Farei com eles *aliança eterna*, segundo a qual não deixarei de lhes fazer o bem." Ora, muitas pessoas perdidas vão à igreja no domingo e ouvem este versículo. E dizem para si mesmas: "Sim, Deus fez uma aliança eterna comigo. Ele nunca se afastará de mim – nunca, nunca. Estou seguro por causa da graça de Cristo". Mas elas não lêem a segunda parte.

Veja o que o texto diz: "Farei com eles aliança eterna, segundo a qual não deixarei de lhes fazer o bem; e porei o *meu temor* no seu coração, para que nunca se apartem de mim". A evidência de que Deus fez uma aliança eterna com você, amigo, é que ele pôs *o temor de Deus* em seu coração, para que você não se afaste dele. E, se você se afastar, e ele não discipliná-lo, e você continuar se afastando dele, isso é evidência de que ele *não* pôs o seu temor em você. Isso é evidência de que você *não* foi regenerado – não tem nenhuma aliança com Deus! Queridos amigos, isso é verdade bíblica.

7ª Acusação

Uma falta de disciplina eclesiástica amorosa e compassiva

"Irmãos, se alguém for surpreendido nalguma falta, vós, que sois espirituais, corrigi-o com espírito de brandura; e guarda-te para que não sejas também tentado."

Gálatas 6.1

Hoje, muitos pastores evangélicos deveriam pegar Mateus 18 e arrancá-lo de sua Bíblia. Mas você não pode fazer isso. Precisa ter a Bíblia inteira – e não apenas parte dela. Muitos pastores deixam a sua teologia de lado quando saem de seu escritório de estudo. São teológicos na conversa; são teológicos no escritório. Mas, quando saem do escritório, conduzem a igreja por meios *carnais*.

Não sou um pastor em minha igreja, então, posso dizer isso sem vangloriar-me. Nossa igreja pratica a disciplina eclesiástica. É uma igreja bem grande, freqüentada por cerca de 1.000 pessoas. Os pastores estimam que ajudaram a salvar 30 casamentos nos últimos anos, por meio da disciplina eclesiástica, amorosa e compassiva – a disciplina eclesiástica não começa com a exclusão. Começa com: "*Vós, que sois espirituais, corrigi-o...*"

Você diz: "Não podemos praticar disciplina – somos muito amáveis!" Vocês são mais amáveis do que Jesus? É ele quem ordena a disciplina!

"Mas isso nos causa muitos problemas." É verdade. Talvez essa seja razão por que não há muitos problemas entre a igreja e a cultura mundana hoje, porque não estamos confrontando a cultura ao nosso redor. E não confrontamos a cultura apenas por irmos até Hollywood e fazermos protestos lá. Confrontamos a cultura por obedecermos a Deus! Noé construiu a arca e condenou o mundo. Você não precisa ter um sinal de protesto. Apenas ande em obediência – e o mundo o odiará.

"Se teu irmão pecar [contra ti], vai argüi-lo entre ti e

ele só. Se ele te ouvir, ganhaste a teu irmão" (Mt 18.15). *Oh! que coisa maravilhosa!* "Se, porém, não te ouvir, toma ainda contigo uma ou duas pessoas, para que, pelo depoimento de duas ou três testemunhas, toda palavra se estabeleça" (Mt 18.16). Amigos, as testemunhas não devem estar do seu lado. Não, elas entram no caso para ouvir objetivamente e proferir um julgamento. Talvez *você* seja a pessoa que está errada: talvez o seu irmão não esteja em pecado – talvez você esteja sendo crítico demais e legalista. Quem sabe?

"E, se ele não os atender, dize-o à igreja; e, se recusar ouvir também a igreja, considera-o como gentio e publicano", ou seja, alguém de fora ou um coletor de impostos. Meu querido amigo, creio que precisamos ouvir isso. Ou começamos a obedecer a Deus e disciplinamos a nós mesmos, ou podemos receber a disciplina de Deus. E talvez a hora já chegou e agora seja o tempo em que isso vai acontecer!

Não estou falando sobre pessoas críticas, legalistas e odiosas – existem muitas delas. Estou falando sobre um pastor, um grupo de presbíteros, líderes que amam muito o colocar sua vida em ordem, porque sabem que isso não é uma brincadeira. Isso não é algo que fazemos apenas para esta vida, mas é a *eternidade* que está em jogo – a salvação de almas. Examine os velhos livros dos Spurgeons e dos Whitefields, dos puritanos e da Reforma. Muitos desses livros lidam com o que é o evangelho, como o pregamos, como trazemos alguém a Cristo, como discernimos a verdadeira conversão, como nos tornamos médicos de almas.

Temos nos unido a Roma neste assunto. Na Igreja Católica Romana, o bebê é batizado e declarado "cristão". Daí em diante, o bebê pertence a *Roma*. Nunca mais eles lidam com a conversão. Apenas criam todos os tipos de meios mundanos para manter pessoas na igreja!

Mas ouça: os evangélicos têm feito a mesma coisa! Faça uma pequena oração com eles, depois de dois ou três minutos de aconselhamento, depois de meia hora de pregação – da qual 25 minutos foram histórias engraçadas – e, em seguida, você puxa a rede nos cinco minutos finais. Aconselhe-os por um pouco e os declare "salvos". Então, você passa o resto de seus dias discipulando-os e se perguntando por que eles não crescem.

Creio no discipulado pessoal, um a um. Mas, querido amigo, a igreja se saiu bem por mais de mil anos sem isto, sem o que chamamos de discipulado pessoal e todos os livros e materiais disponíveis hoje. Quero que você pense sobre isso. O discipulado um a um se tornou proeminente nos anos 1970 e permanece assim até hoje. Qual é o clamor? Eles dizem: "Há tantas pessoas saindo das igrejas quanto as que estão entrando. E a razão por que isso está acontecendo é que não estamos discipulando as pessoas". Não, a razão por que isso acontece é que elas não estão sendo convertidas. Elas mostram que não são convertidas porque as ovelhas de Cristo ouvem a voz dele e o seguem (Jo 10.3), quer você as discipule, quer não.

Nós devemos discipular, mas a falta de discipulado não é a razão por que as pessoas saem da igreja. "Eles saíram de nosso meio; entretanto, não eram dos nossos" (1 Jo 2.19). E não tiveram chance de ser "dos nossos" porque não ouviram o evangelho verdadeiro – ninguém nunca lidou com a alma dessas pessoas. Portanto, gastamos uma fortuna discipulando bodes, na esperança de que eles se tornem ovelhas. Não podemos ensinar um bode a se tornar uma ovelha. Um bode se torna uma ovelha somente por meio da obra sobrenatural do Espírito do Deus todo-poderoso.

Mudei minha família para a igreja em que estamos porque ela pratica a disciplina eclesiástica e porque eu precisava estar sob disciplina eclesiástica – o cuidado vigilante de presbíteros e outros membros que levam isso a sério. Se meus filhos, que são todos pequenos agora, fizerem uma profissão de fé e depois se desviarem, quero que sejam trazidos diante da igreja, se necessário, para a salvação de sua alma.

Alguns de vocês ficariam tão furiosos se um pastor viesse e lhes dissesse: "Sinceramente, tenho orado por seu filho e temo que ele não seja convertido". Vocês ficariam tão furiosos, que reuniriam um grupo para exonerar aquele pastor – em vez de admitir: "Oh! louvado seja Deus, temos um homem de Deus aqui!"

8ª Acusação

Um silêncio a respeito da separação

"Não vos ponhais em jugo desigual com os incrédulos; porquanto que sociedade pode haver entre a justiça e a iniqüidade? Ou que comunhão, da luz com as trevas?"

2 Coríntios 6.14

Hoje, há uma carência de ensino sério sobre *santidade* na vida. É claro que há um ensino geral sobre a santidade no qual todos concordam. "Sejamos santos", alguns dizem, "precisamos ser mais santos. Realizemos uma conferência sobre santidade". Mas, quando somos específicos a respeito do que isso significa, a questão fica mais séria.

O autor de Hebreus nos diz: "Segui a paz com todos e a santificação, sem a qual ninguém verá o Senhor" (Hb 12.14). Alguém crê nisso? Um pastor disse: "Irmão Paul, tenho sido acusado tão freqüentemente de ensinar, você sabe, religião de obras". Ouçam-me. Ouçam. Isso nos remete outra vez ao assunto da regeneração e da providência de Deus. Se Deus converte verdadeiramente uma pessoa, ele continuará agindo nessa pessoa, por meio de ensino, bênção, admoestação e disciplina. Deus cuidará para que a obra que ele mesmo começou seja terminada. Essa é a razão por que o autor de Hebreus diz: "Sem santidade ninguém verá o Senhor". Por quê? Porque, se você não está crescendo em santidade, Deus não está agindo em sua vida. E, se ele não está agindo em sua vida, isso acontece porque você *não é filho de Deus!*

Veja a diferença entre Jacó e Esaú. "Amei Jacó, porém me aborreci de Esaú" (Rm 9.13). Mas Deus cumpriu as suas promessas para ambos. Jacó foi abençoado. Esaú foi abençoado. Como Deus demonstrou seus juízos e ira contra Esaú e seu amor para Jacó? Primeiramente, Deus permitiu que ambos seguissem seu caminho. Mas, para Esaú, não houve nenhuma obra de disciplina, nenhuma obra de correção divina, nada – isso foi a ira de Deus sobre Esaú! Mas Deus disciplinou severamente a Jacó, quase todo dia de sua vida – isso foi expressão do amor de Deus sobre ele! Era a amorosa disciplina divina, a correção de Deus, para trazer Jacó à santidade. E isso também é verdade no que diz respeito a todos os crentes verdadeiros em nossos dias.

> Rogo-vos, pois, irmãos, pelas misericórdias de Deus, que apresenteis o vosso corpo por sacrifício vivo, santo e agradável a Deus, que é o vosso culto racional. E não vos conformeis com este século, mas transformai-vos pela renovação da vossa mente, para que experimenteis qual seja a boa, agradável e perfeita vontade de Deus.
>
> *Romanos 12.1-2*

Por que Paulo disse: "Apresenteis o vosso corpo"? Acho que a razão era evitar toda a "super-espiritualidade" de nossos dias. Você diz: "Já dei meu *coração* a Jesus, e você não pode julgar um livro por sua capa. Você não pode julgar minha condição interior por minhas obras exteriores". Mas, na verdade, podemos julgar um livro por sua capa. Jesus nunca disse que não podemos; pelo contrário, ele disse especificamente que podemos: "Pelo fruto se conhece a árvore" (Mt 12.33).

Ora, se você pensa que deu seu coração a Cristo, ele também terá o seu corpo. Eu lhe digo por quê. O coração, meu amigo, não é um músculo que bombeia sangue ou uma invenção da imaginação de um poeta. Na Bíblia, *o coração* se refere à própria essência ou âmago de nosso ser. Não me diga que Jesus possui a essência ou âmago de seu ser e não afeta todo o seu corpo e a sua vida. Isso não é verdade!

Portanto, precisamos examinar a Escritura – não de modo legalista, não apenas para extrair inferências. Não, em vez disso, examinamos a Escrituras e nos firmamos nos seus mandamentos claros. Mandamentos sobre o quê? Que tipos de mandamentos nos guiam em nossa família? Não concordo com tudo que os puritanos disseram, mas amo os puritanos, e uma das razões por que os amo é que eles fizeram tentativas sinceras de colocar tudo em sua vida sob o senhorio do Senhor Jesus Cristo. Tudo!

Tudo, como a sua *mente*! Eles escreveram livros de 800 páginas sobre o que devemos pensar, conforme as Escrituras.

E o que não deve entrar em nossa mente, conforme as Escrituras. O que devemos fazer com nossos *olhos*. O que deve e o que não deve entrar em nossos *ouvidos*. Como a *língua* deve ser governada. Qual deve ser a *direção* de nossa vida.

E, sim, deixarei você apavorado: como devemos *nos vestir*! Serei cuidadoso neste ponto. Não quero apenas especular. Meu querido amigo, minha esposa expressa isso desta maneira: se a sua roupa é uma estrutura para a sua face da qual a glória de Cristo resplandece, então, a sua roupa é de Deus. Mas, se a sua roupa é uma estrutura para o seu corpo, se é sensual, Deus a odeia. A natureza de Deus guia as nossas decisões em todos os detalhes de nossa conduta.

Não posso falar de tudo que diz respeito à santidade; e santidade não é apenas expressão exterior, mas nos tornamos um povo que usa a obra interna do Espírito Santo como *desculpa* para dizer que nada precisa acontecer no exterior. E isso *não* é verdade! Talvez alguns rapazes clamam ao Espírito Santo, mais do que eu mesmo o faça, que os encha e opere neles, mas precisam apenas de meia hora de televisão para que o entristeçam e o Espírito fique a quilômetros de distância. Se a água é 99% pura e 1% suja, eu *não* a bebo!

Certa vez, eu estava em conflito, e Leonard Ravenhill soube disso, por um amigo meu, e me enviou um folheto. Ainda tenho aquele folheto. Nunca, nunca me desfarei dele. O folheto dizia: "Outros podem, você não pode". Rapaz, ouça-me: não vou a shoppings. Não vou! E não é porque sou mais santo do você. Não vou porque sei o que sou!

Há uma história sobre um dos maiores e mais excelentes violonistas da Europa que tocava seu concerto final. Ele já estava bem idoso. E, quando ele terminou, um jovem, um violonista, se aproximou dele e disse: "Senhor, daria a minha vida para tocar como você". E o velho violonista disse: "Filho, eu *tenho dado* a minha vida para tocar como eu toco".

Você diz: "Quero o poder de Deus em minha vida" – então, algo tem de ser feito. "Eu quero conhecer a Deus" – então, alguma separação do mundo tem de acontecer!

Jovem leitor, gostaria de dizer-lhe algo. Todos os outros estão se divertindo em seus pequenos retiros e conferências, unindo-se em grupos, cantando canções superficiais e tudo mais. Talvez você precise ficar sozinho no deserto com Deus, jejuar por sete dias, em oração, estudando o livro de Salmos – apenas ficar sozinho com Deus, pertencer a Deus.

Para ser um homem de Deus, tem de haver um senso de que às vezes sua própria esposa, que é da sua própria carne, uma com você, olha para os seus olhos e reconhece: ela não pode ir aonde você está indo.

Hoje, em nossas igrejas, há um silêncio sobre a separação do mundo. "Não vos ponhais em jugo desigual com os incrédulos; porquanto que sociedade pode haver entre a justiça e a iniquidade?" (2 Co 6.14) – nenhuma! Ou: "Que comunhão, da luz com as trevas?" – nenhuma! Trevas são o oposto da revelação de Deus. Ou que harmonia, entre Cristo e os demônios? (v. 15) – nenhuma! Ou o que o crente tem em comum com o incrédulo? (v. 15) – nada!

O Senhor diz: "Retirai-vos do meio deles" (v. 17). Retirai-vos do meio de quê? Retirai-vos do meio da iniquidade, das trevas, dos artifícios satânicos, da vida e do mundanismo do incrédulo. Retirai-vos!

9ª Acusação

Uma substituição do ensino bíblico sobre a família por psicologia e sociologia

"Cuidado que ninguém vos venha a enredar com sua filosofia e vãs sutilezas, conforme a tradição dos homens, conforme os rudimentos do mundo e não segundo Cristo."

Colossenses 2.8

Há um nono erro comum em muitas igrejas, e ele é muito importante para mim como um homem mais velho que tem uma família nova. Só me casei aos 30 anos de idade. Minha esposa teve algo como um pequeno tumor no cérebro nos primeiros oito anos. Não podíamos ter filhos e, então, louvado seja Deus, nasceu o primeiro filho; e, depois, outro; e, depois, outro; e, depois, quem sabe?

Meus queridos amigos, pastores e líderes, pensem sobre isso. Nossos cultos matinais de domingo são tão *lindos*. Apenas porque parece haver uma adoração bonita, o sermão é bem apresentado, e as pessoas parecem ser comovidas, isso não é evidência de verdadeira espiritualidade. Eu lhes direi qual é a evidência: o lar, o casamento, a família.

"Naqueles dias, não havia rei em Israel; cada qual fazia o que achava mais reto" (Jz 17.6). Quando viajo e encontro todos os tipos de pessoas, tento achar um homem piedoso que criou filhos piedosos; vou e me apego a ele. Contudo, em muitas situações, sabem o que descubro? A maioria das pessoas com quem converso nas igrejas querem falar sobre fábulas velhas, sociologia e todas as outras coisas. Tudo que é correto aos olhos delas, e não podem citar para mim um versículo bíblico. Mas, de vez em quando, acho um homem e uma mulher que resolveram criar sua família de acordo com a Escritura – e a diferença é impressionante!

Quando estou no avião, gosto de fazer isto. Homens se assentam ao meu lado e perguntam: "O que você faz?" Respondo: "Oh! sou um marido!"

Eles perguntam: "O que mais você faz?" "Eu sou

um pai."

"O que mais você faz?" "Bem, se sobra algum tempo, prego um pouco".

Que aproveita ao homem ganhar o mundo inteiro e perder a sua própria família? Eu o direi deste modo: sobre que base você está criando seus filhos e amando sua esposa? Baseado em quê? Se você não pode ir às Escrituras agora mesmo e mostrar-me como a sua família está alicerçada nelas, asseguro-lhe que você é cativo da psicologia, da sociologia, dos caprichos e das mentiras desta época. Você não tem o direito de seguir todas essas outras coisas. Você não tem autoridade à parte da Palavra de Deus.

Considere Gênesis 18.19: "Porque eu o escolhi para que ordene a seus filhos e a sua casa depois dele, a fim de que guardem o *caminho do* SENHOR e pratiquem a justiça e o juízo; para que o SENHOR faça vir sobre Abraão o que tem falado a seu respeito". Que caminho maravilhoso é este!

"Rogo-vos, pois, irmãos, pelas misericórdias de Deus, que apresenteis o vosso corpo por sacrifício vivo, santo e agradável a Deus, que é o vosso culto racional. E não vos conformeis com este século, mas transformai-vos pela renovação da vossa mente, para que experimenteis qual seja a boa, agradável e *perfeita vontade de Deus*" (Rm 12.1-2). O versículo 2 nos diz que a vontade de Deus é *perfeita*. Se, como homem de Deus, você me apresentar esta idéia: "Estou sacrificando minha família por amor ao ministério", eu lhe direi: você é um mentiroso ousado. Está sacrificando sua família por amor do pequeno reino que você está tentando construir. Posso dizer-lhe isso porque a vontade de Deus é perfeita. Isso significa que não tenho de violar a vontade dele em relação à minha família, para que a vontade dele se cumpra em relação ao meu ministério. Deus não precisa de você! Contudo, ele exige que você seja *obediente*.

Isso é semelhante ao caso de uma pessoa que me perguntou certa vez: "Irmão Paul, você é contra a evangelização?" Eu respondi: sim e não. Não sou contra a evangelização bíblica. Sou contra a maneira como você está evangelizando. "Você é contra a Escola Dominical e grupos de jovens?" Sim e não. Quero dar-lhes dois exemplos para explicar algo. O que direi não será bastante forte para alguns, mas para outros eu serei bastante forte. Quero usar estas duas coisas apenas para ressaltar o que está errado conosco.

Escola Dominical. Não importando a que denominação você pertença, se faz parte de uma denominação que é organizada, posso garantir-lhe que sua denominação gasta muito dinheiro em materiais para escola dominical, em congressos, em aulas para professores sobre como ensinar na escola dominical e em fazer tudo para promover a escola dominical. Sei disso com certeza.

Deixe-me perguntar-lhe: quanto dinheiro sua denominação gasta, quantas conferências e quantas horas de trabalho são investidas em ensinar os pais a ensinar os filhos? Deus não tem um plano B; ele só tem um plano A. Quando você evita o plano A, descobre que o plano B não funciona!

Não estou dizendo que os filhos não podem se reunir em grupos, ser catequizados ou ensinados, mas, se isso começa a suplantar o ministério do pai no lar, você tem de acabar com isso.

Entende o que estou dizendo? Veja este pequeno exemplo. Há tudo disponível para a escola dominical. Mas dificilmente há, em todo este país, uma conferência para ensinar os homens como ensinar seus filhos. E, na maioria das vezes, a escola dominical não é mais do que entretenimento, porque os professores de escola dominical não têm autoridade para disciplinar as crianças. E, ainda que tivessem essa autoridade, eles não a usariam porque não acreditam nisso. Esse é apenas um pequeno exemplo.

Agora, consideremos *os grupos de jovens*. "Bem, os jovens precisam estar juntos. Você sabe, eles precisam estar juntos". É mesmo? O que as Escrituras dizem? "Quem anda com os sábios será sábio, mas o companheiro dos insensatos se tornará mau" (Pv 13.20). Quem lhe disse que os jovens têm de estar juntos? Vou lhe dizer: os psicólogos dos anos 1960 que criaram a "geração Gap". Não! Os jovens precisam estar com adultos, para que parem de agir como ingênuos e tolos, acompanhem à maturidade e lancem fora a tolice – que os leva à destruição. Ora, não estou dizendo que não podemos ter reuniões de jovens, mas sugiro que, se fizermos isso, devemos incluir os pais também.

Você diz: "O que devemos fazer em relação a esses jovens perdidos que vêm à nossa igreja?" Bem, o que eles vêem agora? Os jovens perdidos vão à reunião de jovens de sua igreja e vêem quase tudo que vêem em seus próprios lares: nenhum pai, e somente jovens ensinando jovens. Ou vêem um rapaz um pouco mais velho, que tem gel no cabelo, ensinando os mais novos. Mas, o que aconteceria se os jovens perdidos viessem à sua igreja e vissem os jovens em um relacionamento amoroso e maravilhoso com seus pais? Eles diriam: "Uau! Nunca vi algo parecido com isso antes. O pai olha para o filho. Ele ama o seu filho. O filho ama seu pai! Vejo amor ali. Isso é cristianismo?"

A situação em nossas igrejas é muito precária, mas tendemos a fechar os olhos para ela. É como a situação em que um homem vem até mim com a testa ensangüentada e diz: "Irmão Paul, já estive em todos os lugares. Ninguém pode diagnosticar meu problema". Eu lhe digo: "Bem, não sou médico, mas o acompanharei por 24 horas para ver o que podemos descobrir". Observo que, a cada hora que passa, ele bate na própria cabeça com um tijolo. Se o relógio soa uma hora, ele bate na cabeça uma vez. Se o relógio soa duas horas, ele bate na cabeça duas vezes. Se o relógio soa doze horas, ele bate na cabeça doze vezes com o tijolo. Depois de ver isso, atenciosa e cuidadosamente, por 24 horas, eu apareço e lhe digo: "Eu não sou médico, mas acho que descobri o seu problema".

Igreja, isso é patético entre nós! Por que nossos filhos

fazem o que fazem? Por que tudo está tão desordenado? É como um querido irmão que não queria deixar seu filho adolescente sair com uma moça para ficarem em um lugar privado. Alguém lhe perguntou: "Você não confia no seu filho?" Ele respondeu: "Não, eu não confio no meu filho. O que o fez pensar isso? Não confio nem no pai dele. Não deixaria o pai dele sozinho com um mulher que não fosse sua esposa; além disso, tenho muito mais a perder com a impropriedade do que meu filho. E tenho muito mais controle de minha vontade do que um adolescente com seus hormônios impetuosos. Então, o que faz você pensar que eu confiaria no meu filho?"

Transgredimos um princípio bíblico após outro e nos admiramos de que tudo seja uma bagunça.

10ª Acusação

Pastores mal nutridos na Palavra de Deus

"Procura apresentar-te a Deus aprovado, como obreiro que não tem de que se envergonhar, que maneja bem a palavra da verdade." – 2 Timóteo 2.15

Alguns meses atrás, ouvi algumas notícias sobre as coisas horrorosas que acontecem em meu país (não sei mais como o chamam: república, democracia, país, estado socialista?). Fiquei tão preocupado quando me assentei e ouvi as notícias. Eu disse: "Ó Deus, o que eu posso fazer? Agora mesmo, Senhor, sinceramente, com tudo que há em mim, eu me atirarei no meio do fogo.

Se há um rinoceronte furioso, eu pularei na frente dele. Diga-me, apenas, o que fazer! O Senhor quer que eu vá a Washington, fique em frente à Casa Branca e pregue até que eles me coloquem na cadeia? Estou cansado de pregar para cristãos, em igrejas, em conferências. Ó Deus, o país está indo para o inferno! O que o Senhor quer que eu faça? Coloque-me entre eles".

Ouçam 1 Timóteo 4.1-16:

> Ora, o Espírito afirma expressamente que, nos últimos tempos, alguns apostatarão da fé, por obedecerem a espíritos enganadores e a ensinos de demônios, pela hipocrisia dos que falam mentiras e que têm cauterizada a própria consciência, que proíbem o casamento e exigem abstinência de alimentos que Deus criou para serem recebidos, com ações de graças, pelos fiéis e por quantos conhecem plenamente a verdade; pois tudo que Deus criou é bom, e, recebido com ações de graças, nada é recusável, porque, pela palavra de Deus e pela oração, é santificado. Expondo estas coisas aos irmãos, serás bom ministro de Cristo Jesus, alimentado com as

palavras da fé e da boa doutrina que tens seguido. Mas rejeita as fábulas profanas e de velhas caducas. Exercita-te, pessoalmente, na piedade. Pois o exercício físico para pouco é proveitoso, mas a piedade para tudo é proveitosa, porque tem a promessa da vida que agora é e da que há de ser. Fiel é esta palavra e digna de inteira aceitação. Ora, é para esse fim que labutamos e nos esforçamos sobremodo, porquanto temos posto a nossa esperança no Deus vivo, Salvador de todos os homens, especialmente dos fiéis. Ordena e ensina estas coisas. Ninguém despreze a tua mocidade; pelo contrário, torna-te padrão dos fiéis, na palavra, no procedimento, no amor, na fé, na pureza. Até à minha chegada, aplica-te à leitura, à exortação, ao ensino. Não te faças negligente para com o dom que há em ti, o qual te foi concedido mediante profecia, com a imposição das mãos do presbitério. Medita estas coisas e nelas sê diligente, para que o teu progresso a todos seja manifesto. Tem cuidado de ti mesmo e da doutrina. Continua nestes deveres; porque, fazendo assim, salvarás tanto a ti mesmo como aos teus ouvintes.

1 Timóteo 4.1 diz: "Ora, o Espírito afirma expressamente que, nos últimos tempos, alguns apostatarão da fé, por obedecerem a espíritos enganadores e a ensinos de demônios". Paulo prossegue e diz a Timóteo que todo o inferno irromperá na cultura, que tudo se tornará confuso e os homens agirão como bestas. Há alguns meses, estive com Conrad Mbewe e o ouvir pregar. Ele disse isto: "Na África, já não temos medo das bestas. Não fugimos das bestas. Tememos os homens e fugimos dos homens". É claro que ele falava dos efeitos da depravação total na humanidade. Paulo nos diz nesta passagem: "O mundo se tornará caótico, Timóteo".

O que mais ele diz? "Expondo estas coisas aos irmãos, serás bom ministro de Cristo Jesus, alimentado com as palavras da fé e da boa doutrina que tens seguido" (v. 6). E neste ponto o texto começou a se abrir para mim. Sim, o mundo perdeu o juízo! Tudo que é mau acontecerá. Deus está nos dizendo: "Tudo está sob a minha providência, mas ouçam-me! Deve haver reação de sua parte em meio a todo o irrompimento do inferno, em meio à apostasia, em meio à perseguição. Eis o que você precisa fazer: seja constantemente 'alimentado com as palavras da fé'".

Em vez disso, sempre queremos correr e *fazer* alguma coisa. Queremos consertar alguma coisa. Mas Deus está procurando homens de caráter, espadas afiadas. Primeiramente, filho, seja constantemente "alimentado com as palavras da fé e da boa doutrina que tens seguido". Esse "que tens seguido" é muito importante. Acho que está indicando para nós que um simples estudo intelectual da Escritura não *atingirá* o alvo que Deus tem para o seu povo. Eles devem obedecer à Escritura. Têm de começar seguindo-a. Você não pode aprender bem doutrina se não segue a doutrina que está aprendendo!

Em seguida, Paulo diz isto: "Rejeita as fábulas profanas e de velhas caducas" (v. 7). Meu querido amigo, deixe-me dizer-lhe algo. Todo esse assunto de "igreja emergente", muito desse negócio de "crescimento de igreja", toda essa história de sensibilidade cultural, rejeitando a sensibilidade *bíblica* – tudo isso é apenas um bando de rapazes querendo ser igreja sem o poder de Deus em suas vidas. (E insisto nessa afirmação.) É menos do que Davi tentando adaptar-se à armadura de Saul. Digo: fora tudo isso! Quanto mais você confia no braço da carne, tanto menos verá o poder de Deus.

Paulo diz em seguida: "Exercita-te, pessoalmente, na piedade" (v. 7). Ele diz, por outro lado, disciplina-te a ti mesmo tendo em vista a piedade. Homem de Deus, você quer um avivamento? Faça isso. Precisamos de um exército. Se espadas poderosas, se flechas, espadas e armas poderosas devem ser enviadas do céu para com elas lutarmos, temos de ser homens que podem manejar essas armas para lutarmos com caráter puro. Devemos disciplinar a nós mesmos para a piedade.

Jovens, disciplinem-se a si mesmos para a oração. Disciplinem-se a si mesmos para a leitura sistemática da Escritura, de Gênesis a Apocalipse, repetidas vezes. Disciplinem-se a si mesmos em seu falar. Disciplinem-se a si mesmos na companhia que vocês mantêm. Disciplinem-se a si mesmos quando vão para a cama e quando levantam. Estamos numa guerra. Disciplinem-se a si mesmos!

Jovens, posso dizer-lhes isto. Havendo vocês nascido na época em que nasceram, a menos que sejam uma exceção, se estão abaixo dos 30 ou mesmo dos 40 anos, talvez vocês não têm disciplina porque nunca lhes foi exigido que trabalhassem realmente. Nunca tiveram necessidade de trabalhar por sua comida – e os pais de vocês talvez nunca os fizeram trabalhar com tanto esforço que os ossos chegaram a reclamar. Os homens que realizaram muito e foram usados por Deus eram homens de labor no ministério. O ministério eficaz é *árduo* e lhes custará tudo! E, quando forem velhos, serão frágeis – mas fortes nas coisas de Deus.

"Exercita-te, pessoalmente, na piedade. Pois o exercício físico para pouco é proveitoso, mas a piedade para tudo é proveitosa, porque tem a promessa da vida que agora é e da que há de ser" (vv. 7-8). Ó meus queridos amigos, quem se preocupa com "a melhor vida de vocês agora"? Toda a vida diz respeito à eternidade! Um dia vocês estarão naqueles salões de granito diante do Senhor da glória; os reis e os grandes homens da terra serão divididos e separados – alguns serão lançados na condenação eterna, e alguns serão convidados à glória eterna, para viverem por toda a eternidade. Os atletas olímpicos, por mais majestosos que sejam, existem apenas por um momento. Começam a treinar quando têm quatro ou cinco anos de idade. Não fazem outra coisa, senão treinar, até que chegam aos 22 anos. Correm numa prova de 10 segundos em busca de uma medalha, que penduram numa parede. E isso é tudo! O momento de glória e tudo pelo que viveram se acaba! Vocês não podem dar o mesmo pelas coisas *eternas*?

Alguns dos maiores homens de Deus eram homens

bastante limitados em seu corpo. Em suas capacidades, eram tão limitados que tiveram de focalizar-se em uma única coisa: o ministério. "Pois o exercício físico para pouco é proveitoso... Fiel é esta palavra e digna de inteira aceitação. Ora, é para esse fim que labutamos e nos esforçamos sobremodo, porquanto temos posto a nossa esperança no Deus vivo" (vv. 8-10). Isso não é um tipo de martírio em que damos inutilmente nossa vida por alguma coisa, somente para sermos mortos sem esperança. Não. Servimos a Deus, e ele nos honrará. Fixamos nossa esperança em Deus, que nos dá força!

Oh! esta vida é um vapor! Tenho 47 anos de idade, mas ontem eu tinha 21. Para onde se foram os anos? É um vapor! Enquanto vocês têm vigor, preguem. Louvo a Deus pelo fato de que, em sua providência, eu passei, como jovem, a minha vida nos Andes e nas florestas do Peru – fazendo o que não tenho mais forças para fazer.

Enquanto vocês são jovens, enquanto têm vigor, trabalhem com toda sua força. Peguem aqueles seus estúpidos vídeo games e os destruam. Jogue a TV pela janela. Vocês foram criados para coisas maiores do que essas. Se vocês são filhos do Rei, nada neste mundo pode satisfazer-lhes, nada! "Ordena e ensina estas coisas" (v. 11).

Ora, há tantas coisas nesta passagem, mas veja o versículo 15: "Medita estas coisas e nelas sê diligente, para que o teu progresso a todos seja manifesto". Suponhamos que meu filho derrama uma jarra de água em uma mesa de madeira. E, pelas leis que Deus colocou na natureza, a água se acumula um pouco na mesa, de modo que você pode vê-la como uma poça. Você se levanta e diz: "Há água derramada na mesa". Isso é evidente a todos. Mas, eu venho com uma toalha, coloco-a sobre a poça de água e levanto-a. Você diz: "Não vejo mais a água". Onde ela está? Está absorvida na toalha. Homens, vocês têm de meditar em e estar absorvidos nessas coisas de piedade e caráter. Pastores, rogo-lhes: ouçam-me – isto é tão importante: vocês não são rapazes de recados. Você não devem gastar seus dias agradando os clérigos carnais. Mantenha-se no estudo da Palavra. Beba profundo. Seja tão absorvido no conhecimento de Deus, que as pessoas dirão: "Onde ele está? Ele costumava ser um homem da cidade, um amigo de todos, um companheiro agradável. Onde ele está?" Bem, assim como a água na toalha, ele está absorvido nessas coisas!

Somos homens de Deus. Somos ministros do Altíssimo. Em nós deve haver algo diferente. Em nossos olhos deve haver uma contemplação permanente de uma estrela distante. A maior coisa que podemos fazer por nosso povo é sermos homens de Deus, absorvidos nas coisas de Deus, para que, ao abrirmos a boca, a Palavra de Deus se manifeste.

Na igreja que freqüento, Jeff Noblit é o principal pastor e pregador. Ele sempre se dedica ao estudo, mas, quando cheguei lá, falei com ele e com os outros líderes. E, toda vez que alguém me pedia algo, eu dizia isto: "Por favor, façam isto. Vamos levar tanto quanto pudermos do fardo do irmão Noblit e deixá-lo viver em seu escritório, com Deus, porque eu tenho filhos. E o maior presente que um homem pode dar-me é estudar para mostrar-se aprovado, aparecer no púlpito no poder do Espírito Santo e proclamar: 'Assim diz o Senhor', corrigindo, repreendendo, dando grandes promessas e advertências. Por favor, façam isso por mim".

Pastor, por favor, faça isso por seu povo, porque Deus diz: "Tem cuidado de ti mesmo e da doutrina. Continua nestes deveres; porque, fazendo assim, salvarás tanto a ti mesmo como aos teus ouvintes". Este versículo significa quase nada na comunidade evangélica contemporânea. Quantos pastores e pregadores você acha que encara isso com seriedade? Quantos dizem para si mesmos: "Preciso ter mais cuidado comigo mesmo, para assegurar-me da salvação tanto para mim mesmo como para meus ouvintes"?

Pastor, eu tenho uma pergunta: quando foi a última vez que você examinou a sua própria vida, para verificar se estava na fé e se realmente conhece o Senhor? Você percebe, meu querido amigo, tenho grande segurança quando examino a minha própria conversão, quando a discuto com outro homem, quando considero os meus 25 anos de peregrinação com Cristo. Tenho grande segurança de que cheguei a conhecê-lo. Mas, agora mesmo, se eu me apartasse da fé, me desviasse e continuasse nessa direção, caindo em heresia e mundanismo, isso seria a maior prova de que eu nunca conheci a Cristo – de que tudo era obra da carne.

Sei que o que estou dizendo é impressionante para você. Você pensa: "Nunca ouvi isso", mas isso é a velha e imutável verdade bíblica que você precisa ouvir. Apenas leia O Peregrino.

"Tem cuidado de ti mesmo e da doutrina. Continua nestes deveres; porque, fazendo assim, salvarás tanto a ti mesmo como aos teus ouvintes."

Que Deus abençoe sua igreja!

O Ministério Fiel visa apoiar a igreja de Deus, fornecendo conteúdo fiel às Escrituras através de conferências, cursos teológicos, literatura, ministério Adote um Pastor e conteúdo online gratuito.

Disponibilizamos em nosso site centenas de recursos, como vídeos de pregações e conferências, artigos, e-books, audiolivros, blog e muito mais. Lá também é possível assinar nosso informativo e se tornar parte da comunidade Fiel, recebendo acesso a esses e outros materiais, além de promoções exclusivas.

Visite nosso site

www.ministeriofiel.com.br

Esta obra foi composta em Times New Roman 12, e impressa
na Promove Artes Gráficas sobre o papel Pólen Natural 70g/m²,
para Editora Fiel, em Janeiro de 2023.